久留米大学公開講座16

子どもをめぐる現在

宗岡嗣郎 編

九州大学出版会

序

宗岡嗣郎

西暦二千年、二〇世紀の最後の年になりました。「世紀末」ということにどれほどの意味があるのか。それについて私は何も知りません。ましてや「ミレニアム（千年紀）」をどう捉えるかについての西洋の知識はまったくありません。しかし、歴史に残された無数の文化遺産をみれば、人間は常に未来をみつめてきたことがわかるし、現に、われわれは今も未来をみつめています。人間にとって、未来は永遠のテーマでしょう。その意味では、「世紀末」や「千年紀」も、われわれの未来を、百年単位あるいは千年単位で「思ってみる」ためのよい機会なのかもしれません。そのようなことを漠然と考えて、一九九九年の公開講座のテーマを「子ども」に決めました。われわれの「未来への志向」を象徴するものとして「子ども」をとりあげることにしたのです。

公開講座では、しかし、次世代を担う「子ども」たちの「未来」ではなく、「現在」に視点を置きました。未来をどう生きるかは現在の切実な問題です。現在をどう生きるかによって、さまざまなものとして、未来がありうる。われわれがそうであるように、当然、子どもたちの未来も彼らの現在とつながっています。今、「子ども」たちはどういうふうに「ある」のか。われわれは、先行世代として、それをみつめなおさなければなりません。それは、「子ども」たちに対する、それゆえ「未来」に対するわれわれの義務でしょう。われわれは、今も、そして、これからも、「未来」に向かっての決断をしていかなければなりません。しかし、どのような決断をしようとも、それは「未来」に生きる子どもたちの「現状」と無関係ではないでしょう。

このような視点から、「子どもをめぐる現在」について八回の講座がもたれましたが、本書では、次の七つの講座を収録しました。

「I　子どもの命をどう守るか」――この講座では、特に最近、社会問題となっている児童虐待について、子どもの安全をどう守ればよいのかという一種の「危機管理」の観点から、欧米先進諸国やアジアの実例などをまじえて、被害者としての「子ども」だけでなく、加害者としての「大人」や「親」を支える社会的ネットワークの必要性が示されました。

「II　教育を受ける権利と義務教育」――この講座では、公的な教育、特に義務教育のあり方が日本国憲法の観点から考察され、ドイツの議論を参照しながら、憲法一三条の「個人の尊重原理」を基礎に、「教育を受ける権利」の内容が「多元性原理の保障」との関連で示されました。

「III　公民教育と現代社会」――この講座では、ルソーの教育思想を紹介しながら、特にフランスにおける制度史を概観する中で、「公民教育」とはいかなるものなのかを明確にして、「他律から自律へ」「多元的価値観の保障」といった教育哲学上の現代的な問題点に収斂していく思考の道筋が示されました。

「IV　少年事件と被害者」――この講座では、少年審判において被害者の人権が侵害されているという論潮に対して、人権侵害の核心を「被害者の疎外」という点に求め、同じ構造が「加害者の疎外」としてもあらわれていることを示して、被害者が主体的に手続きにかかわっていくところに、被害者および加害者の疎外を克服する方向性が示されました。

「Ⅴ　子どもをめぐる倫理と法」――この講座では、少年法の基本精神である「保護主義」を相対化しようとする動きに対して、子どもが「保護されるべき存在者」であることをあきらかにしたうえで、「子ども」という特殊な「あり方」に即して「子どもの最善の利益」を考察していくことの必要性が示されました。

「Ⅵ　子どもをとりまく環境汚染」――この講座では、たとえば「食環境」や「住環境」といった、子どもをとりまくごく身近な生活環境の中で、環境汚染がどのように進行しているのかについて要領よい説明があり、特に環境ホルモンの現代的な問題点にふれながら、危機的な事実がきわめて身近なところにあることを知らされました。

「Ⅶ　中国の一人っ子政策」――この講座では、子どもの問題が人口政策という観点からとりあげられ、主権国家が構成単位となっている現実の国際社会において、「一人っ子政策」を採らざるをえなかった中国の歴史的事情をふまえたうえで、公権力による強制的な人口管理の問題点が紹介されました。

以上、簡単な紹介をかねて、本書の内容を紹介しましたが、ここで取り扱われた論点はいずれも「子どもをめぐる現在」の重要な課題です。もちろん、これ以外にも、さまざまな問題点があることは承知しています。私の個人的な問題意識からでも、たとえば「フェミニズムと子どもの権利」「子どものあそびと地域社会」「子どもの健康」「子どもの自殺」「子どもの福祉政策」等々の問題について、研究者の意見を聞いてみたいと思ったりしました。しかし、どの問題をとりあげても、最後は「子ども」の「現在」をどう保障するのかという点に収斂していくでしょう。われわれは、大学人として、研究者として、そのために何をすればよいのか。八回の講座の司会をつとめながら、そして受講された市民の方々の意見に耳を傾けながら、私はそのことをあらためて考えさせられました。ディスカッションにおいて、貴重なご意見をいただけたことにつき、すべての講師が感謝していたことを最後に記しておきます。

〈付記〉一冊の書物としての統一性をもたせるために、敬称の省略をはじめとして、いくつかの表記を編者が統一しました。不都合な点があれば編者の責任であることを付記しておきます。

目次

Ⅰ 子どもの命をどう守るか

――虐待行為に対応するために――

古賀幸久

一　基本的認識

今日は子どもに対する虐待行為に関して、「子どもの命をどう守るか」というテーマでお話をさせていただきたいと思います。私の専門は「イスラム国際法」であり、地域論や文化論とともに一般的な国際法と、その特殊な地域的な形態としてのイスラム国際法を研究している者です。そのような研究者がどうしてこのようなテーマを選んだのかというと、私なりに、自分自身の問題として子どものことについて興味を持っておりましたし、それから、約九年間の外国生活を通じていろんな子どもたちの実態をみてきたこともあり、日本の現状と外国とを比較してみると、より自分たちの位置がはっきりしますし、そこから、今後の活動や政策に何らかのものが見えてくるかもしれないという思いから、このようなテーマについてお話をしようとしているわけです。

私も四六歳になり、子どもが二人います。中学一年生と、小学三年生です。つい先日、久留米から佐賀県の大和町に引っ越しまして、子どもが環境の変化に心理的にも慣れずに苦しんでいる状態です。環境に慣れないといろんな問題もでてくるもので、たとえば、「学校に行きたくない」などと朝からいう。過去の学校の思い出や友達の記憶が脳裏から離れない。このような時に親としてはどのように対応すればいいのか。早く新しい世界に溶け込めるようにするにはどうしたらよいのか。子どもが楽しく過ごすために、親はどのように対応すればいいのか。厳しく突き放すように対応すべきか。それとも優しく抱きすくめて子どもの気持ちに同調すべきか。もし、後者のような態度をとれば、場合によっては子どもの甘えを助長し、子どものためにならないと判断して厳しく対応するとします。その場合に、言葉で言い聞かせても効果が全くない場合には、ことによっては「もっとしっかりしなさい」といってお尻を叩き、気合をいれたり、あるいはカバンを持たせて無理やり放り出すなどということがあるかもしれない。でも、もしこのような親の厳しい対応が子どものためではなく、子どもが自分の言うことに従わないからとか、親の権威のためとか、朝からメソメソしているのをみるとうるさくてしょうがないから早くそのような場から逃れたいなど、親が子どもの気持ちを理解せずに、あるいは無視して、自己本位に対応した結果であることも一般には結構みられるように思います。ここでは、これらの例のどれが虐待に当たるかという判断はともかくとして、実は、虐待は日常生活の私たちの中にも身近なものとして見られるのであり、それは全く他人事ではなく、まさしく自分自身の日常生活の、そして一人一人の心の奥にある深い問題である。そのことの自覚が私の話の基礎だということをまず皆さんに知ってもらいたいと思います。今日は、自己反省の意味も含めて、皆さんと一緒に親の問題として児童虐待についてある程度考えを深めていくことができればと思います。

二　虐待の実態

児童虐待との関連で「子どもの命をどう守るか」というテーマは、実は私たちの生きる姿勢そのもののの問題でもあるように思います。また、その姿勢が自立的な生き方の問題でもあり、さらには、そのような生き方をしたくてもできない人たちのために、社会はどのように援助していけばよいのかという問題でもあります。

　家族の中でも子どもへの虐待が非常に増えてきている。ここでの私の話の前提は、強いものが弱いものに対して接するときに虐待という行為があらわれがちだということをまずはっきりと認識しておくべきだということです。そのような基本的な意識が欠如している場合には、問題をすべて他人事のようにとらえ、謙虚さを欠いた優越的な立場からの無責任な批判に終始することになるでしょう。他人にあることは、場合によっては自分にもありうるのではないかという立場から、決して虐待を起こすことのないように強く決心しておかなければならないということになります。また、精神的な予防策も講じておかなければいけないでしょう。また、たとえそのような意思を強く持った場合でも、実際は虐待行為にでる可能性もあるでしょうから、そのような時には、社会的にこれを未然に防止し、被害者のみならず加害者を救済する措置も必要になるでしょう。このように、自己本来の問題として人間の怖さや冷酷さの可能性を認識しながら、危機管理的な意識のもとに対応を図っていけば良い結果が生まれ易いのではないかと思われます。

　さて、児童虐待といっても明確な定義があるわけではないのですが、一般には、身体的・精神的暴力、性的暴力、保護の怠慢・拒否などをいいます。その内容は国により、社会や文化により異なるわけです。たとえば米国などでは単なる行き過ぎた躾であっても虐待とみられますし、英国では子どもだけを残して両親が買い物に行っても虐待とみられるような場合が多いわけです。この場合には、子どもの身体的・精神的健康にとって有害であるかどうかが判断基準となっています。地域の文化的・歴史的な背景が異なり、人権意識の違いなどがそのまま反映しているためです。私はパキスタンなどの途上国を中心としてこれまで九年間の外国生活を通じていろんな子どもたちの実態にふれてきました。外国にもいろいろな虐待の実態がある。日本の虐待とは質が異なるのですが、途上国の世界では貧困が根本にあって、そこから児童虐待が出てくることが多いわけです。たとえばインドやパキスタンなどでは、貧困の故に親と離れて暮らしたり、親がいなかったりするストリートチルドレンも多いのですが、それ以外にも、どうみても不自然な肢体不自由児がめだちます。「人さらい」がいて、奴隷売買のような商売をしている。幼少の頃にさらっていき、肢体を不自由にして、その子どもが成長して、「物乞い」として商売ができるようにするというケースがある。人為的に刃物で腕を切り落としたり、不自然に関節を捻じ曲げ、あるいは骨を折って腕や足を不自由にするなどいろいろのやり方があるようです。幼少の頃にそうされた子どもは肉体的にも精神的にも普通の子どもではありえず、もはや手の施しようがなく、その子の運命は決定されてしまうことになります。結局、子どもが自分の不幸を見世物にして生きていくというようなことが多い。たとえば、サーカスで子どもが自ら姿態を見世物にして稼いでいる。また、手足などの体の一部が極端に肥大する象皮病というのがありますが、それを見せる商売をしているものがいる。それしか生活の方法がないのです。ゴルフ場でもたくさんの子どもたちが、学校にもいけずにボール拾いやキャディーをして働いている。一日二〇〇円ほどの賃金を稼ぐために汗だくで働いている。そのうちにゴルフボールが頭に当たって死ぬ。保証も満足にないといった事例もみました。このような地域の識字率は一般に非常に低いのです。売春をする女の子、戦争にかりだされる男の子、などなど、地域により、経済状況により、そして、文化程度により、実に子どもの惨状、虐待の実態は多種多様であります。経済的貧困は、たとえ気持ちではそうでなくても、実態は虐待の状態にまで肉体的・精神的に子どもたちを追い込んでいくという事実を私たちはまず知る必要があります。

次に日本の状態を見ましょう。実は、日本でも、虐待の実態の把握は極めて困難なのです。法的定義が存在しないために個々の関係機関が事例毎に個々に判断している状況です。そのため、はっきりした数字は判らないのですが、もし、身体的・精神的暴力、性的暴力、保護の怠慢・拒否などを児童虐待と定義すれば、具体的な統計数字として挙げられているのは関係機関を利用したケースのみであり、実際のその数は統計にあらわれる一〇倍ほどになるといわれています。ちなみに厚生省の調査では、全国の児童相談所の受理した件数の推移は、八二年＝四一六件、九〇年＝一、一〇〇件、九六年＝四、一〇〇件、九八年＝五、三五〇件となっています。身体的暴行が半分以上を占めています。保護の怠慢・拒否がこれに続き約二五パーセント強となっています。

実態の正確な把握の困難さを示す例として新聞記事を見ていただきたいのですが、「気づいた学校の五七パーセントが児童相談所に連絡せず」というものがあります。児童が家族の誰かから虐待を受けているということを発見しても、その五七パーセントが、本来、集中的に情報が確保されなければならない児童相談所に何の連絡もせずに済ませているというものです。そして、学校の一七パーセントが虐待の通報義務という児童福祉法で決められている義務の存在そのものを知らないということです。虐待の事実を発見したときは、その五六パーセントが校内のみで解決されている。このような事態の背景には、児童相談所の職員の配置換えが早いため、信頼関係ができても、すぐもとにもどってしまうといった児童相談所の体制上の問題があるようです。別の記事によれば、「相談が七年で五倍増」、

「児童虐待死が半年で二六人、九割が六歳未満」というものもあります。実の父や母が無抵抗の子どもに直接手をくだして死に至らしめた場合が大部分です。いずれも悲惨な死に方をしています。

三　子どもの利益を守るための問題点

さて、親の児童虐待は一般に育児能力が低く、また、地域に支える力がない場合に起こりやすいといわれてます。この場合、親の生まれ育った環境、躾、教育などが関係するのでしょうが、頭ではわかっていてもどうしても叩いてしまうなどということがよくあります。特に二〇代から三〇代の母親に多いといわれています。

ここで基本的な視点をはっきりと自覚しておく必要があります。誰が子どもを守っていくのか、ということであります。子どもは、一個の人間として個人的な存在であるとともに、社会的な存在でもあります。だから、子ども自身が自らを防衛することもありえますが、未熟な存在である以上、それにも限界があるわけで、そこで守ってくれるのは親であり家族であるということになる。親は子どもを守る責任、つまり権利や義務があるわけです。基本的な認識として自覚しておくべきことは、親は子どもの最善の利益のために尽くすことが要求され、そのために親の子どもに対する責任と権利があるということです。それが、親の立場が国家からも最大限に尊重される理由なのです。そして、国は、そのような親の子どもを守るための支えとして、各種の援助をする義務を負うのであり、児童のための様々な機関の設置、サービスなどの提供が求められてくることになるのです。すなわち、国は子どもを積極的に守るための援助をする責任を負うのです。親が第一次的な責任を負っているとしても、国には、それを実現するために積極的に支援していこうとする姿勢が求められているのです。「国は、子どもの最善の利益のために、親の責任と権利を優先し、最大限に尊重することが必要」（子どもの権利条約一八条一項）なのです。「国は、親が子どもの養育の責任を果たすために、援助のための機関・施設・サービスを確保する責任がある」（条約一八条二項）のです。その意味で、国には、親が子どもを守る責任を果たすときも果たさぬときも、積極的に援助すべき責任があるのです。これまで、日本では、国家は親がその責任を果たさなかったときにだけ責任を負うと考えられがちでした。しかし、そのように親がだめであったときにはじめて国がでていこうという発想では、いろんな問題が生み出されることになります。

まず、親の責任の問題からみていこうと思います。日本の児童虐待に対する対応の仕方の特徴としては、親と関係機関などの大人の当事者どうしがなるべく事を荒立てないように処理していこうとするため、最も大事な子どもの利益の確保に、重点がおかれていないことです。そこには大人中心主義の世界があり、結果として、子どもが犠牲になるという実態があります。伝統的に子どもを親の私有物としてみたり、従属物として考える風潮があり、子どもを未熟な劣るものとみる日本の旧来の意識が浸透しているものと思われます。この場合に、見据えるべき大切な基本的視座は、たとえ発展途上の身ではあっても、そして、その意味で肉体的・精神的にいまだ弱い存在であっても、弱いなりにそのまま、子どもは子どもそのものとして権利の主体であり、親とは別個の独立した存在であるということの認識であります。むしろ弱い存在であるが故にそうである、という自覚が大事になってくると思います。他国の文化や文明と比較する機会があまりなかった日本人の特徴として、優劣関係で存在の個性を判断し、優れたものが未熟なものを見下す傾向が一般にあると思います。その感覚は親子関係であっても同じでしょう。親子であってもお互いに独立した個であることを自覚し、その上で、未熟であるが故に人格をより尊重することが必要なのです。弱者への暖かさこそ文化の水準を判断する基準になるようです。

次に、国の責任の問題として、公的機関が親子の関係に介入していくことには、困難が伴うということがあります。たとえ親の虐待が明らかな場合でも、強制的に親子を引き離して保護することはなかなかできないことです。それは、子どもの躾が親に委ねられており、体罰などの問題があっても他人は口出しすべきではないとする風潮があるからだと思います。ここでは、子どもの権利よりも親の権利が勝っていると捉えられているのです。ここで大事なことは、子どもの保護のための各種の配慮は、国や社会が積極的に関わりを持ち、制度化すべきだということであり、サービスとしての総合的な社会的システムを作り上げなければならないということです。

四　虐待の有無の認識と課題

さて、日本では、児童虐待は「ない」とか「少ない」とか見られてきたふしがあります。親も子どもも外部へ援助を求めないので、社会的に明らかになりにくいし、親が事実を話さないので、診断・判定が困難でもあります。そのため、被虐待児童を救済する制度がとても不備な状況にあることも事実です。この点、欧米では、社会ぐるみで児童虐待を発見しようとする意識と努力があるので、虐待が明らかになりやすいといわれています。

このような日本の現状から見て、親の自発的な相談や告白がないことを前提にして、対応を図っていかなければなりませんし、また、虐待はいつでもどこでも起こり得るという前提で、発見や診断、措置などをすべきです。また、すべての人が虐待についての知識を持つとともに、虐待は起こり得るし、自ら援助を求める必要があるという認識を持たせることも大事だといえます。したがって、社会教育を制度化していくことも重要になっていくでしょう。虐待を発見する方法と、虐待の事実を診断する方法を確立させておく必要もあるでしょう。いずれにしても、政策の基本的な視座は子ども中心主義であります。その観点から、どんなに親が望まなくても、子どものために援助が必要であればそれを開始すべきことはいうまでもありません。

もう少しこれらの問題を具体的に見ましょう。まず、通告制度の問題があります。日本では、家庭の内部のことは内々に処理したほうが面倒でないとか、家族や地域が協調・共存することが尊いものだという意識から、通告は、いわば密告のようなものであってなかなかやりづらいというような意識があるのでしょう。親も子も、外部に援助を求めようとせず、子どもも、親の恥を隠そうとするわけです。親が子どもを躾るためには、体罰などの問題があっても、他人は口出しすべきではないとする伝統的考えが基本にあるように思われます。そのようなことから、事件が多い割には児童施設に入所する事例が非常に少ないことや、親権喪失の実際の申し立てがきわめて少ないということになるのでしょう。子どもが未熟なもの、発展途上にあるものであれば、なおさら親の躾が大事なのですが、そこには、子どもへの愛情があるということが重要なのです。子どもが弱いもの、発展途上のものであるが故に、子どもをそのような存在として尊重し理解してやる姿勢がなければならないと思います。もし、そのような親ごころがあれば、個人的意見としてですが、ある程度の「ゲンコツ」も、それが肉体的・精神的に子どもを傷つけるものでない限り、基本的には問題がないとすら思われます。しかし、そのような愛情ではなく単なる親のエゴや感情による場合でも、親の躾の問題としてごまかそうとすることが一般に多いように思うのです。そういうような状況の中で、児童虐待に対応する関係者はあら探しのようなことをしなければならなくなる。いずれにしても、このような日本的体質から、通告することは知り合いや近所付き合いの信頼関係を裏切る行為であるとみるようなところがあって、結局、触らぬ神に祟りなしで、事を荒立てずにやり過ごそうとすることになるように思います。しかし、大事なことは、通告は決して知り合いを裏切ったりするような後ろめたいことではなく、被虐待者のみならず虐待者自身をも救う正しい行為であるという認識を高めていくことです。そのような観点から通告制度を充実していく必要があります。現在の法律では、義務化されてはいますが、知らんふりをしても何の罰則もありませんし、実効性が全くないわけです。この点、欧米諸国では、少なくとも問題に携わる一定の関係機関当局者は通告の義務違反には罰則が設けられています。

思うに、少なからぬ被虐待児の死亡は在宅援助中に発生している現実を考慮すれば、日本のように虐待する親と虐待される子どもを同居させたまま援助しようとする方法には疑問を持たざるを得ません。要するに、積極的に親子を離してしまうことも必要ですし、場合によっては司法が積極的に介入すべきことも必要だと思います。ここでは、弱者を積極的に守る立場からの確固とした姿勢が求められることになるでしょう。日本では、子どもを守るためにはまず保護者の意向が条件であり、それを抜きにしてはうまくいかないという意識が先に立っており、そこから保護者との友好関係の維持を条件とした援助が優先しているように思います。しかも、そのような状況での一連の援助のプロセスには原則的に司法機関は関与しないこと、または関与して欲しくないという意識があるようです。もし司法機関が積極的に関与するとしても、それはあくまで福祉的な援助として展開しているのが実情です。また、大人同士の利害の調整を優先する傾向があり、肝心の子どもの福祉や利益は重視されていないようにも見うけられます。これらは充分に反省しなければならないことです。実は、この反省を促すためにも、私たちは一人一人の問題として児童虐待に強く関心を持っていかなければなりません。

児童の安全を守り、体や命を保護することをまず優先する。そういう立場から迅速な行動をとることが大事です。救うべき人を確実に救うために事前にいろんな予防策が講じられるべきです。その後で、親やその他の当事者の問題を解決するために、じっくりと対応策をとればいいのです。欧米先進国では、法的対応や政治的・行政的対応の指針として、「慎重なる回避」という原則があります。それは今述べたような精神で対応する危機管理の意識によるものです。地域にはそれぞれの個性と文化があり、その中で、社会的な制度も特徴を持ってくるわけですから、それぞれに価値と意義があることはわかります。だから、ただ闇雲に欧米諸国のまねをすればよいということではありませんが、学ぶべき価値のあることはきちんと学んでいくことが重要だと思います。

さて、それでは虐待などから子どもの人権を守るためには、具体的に、どのような措置が必要でしょうか。この点について、まずは国際的な基準を見てみたいと思います。一九八九年に署名し一九九六年に効力が発効した「子どもの権利条約」は、①子どもの最善の利益が考慮されるべきこと、②子どもの市民的自由が尊重されるべきこと、③子どもの意見表明の権利が認められること、④子どもは発達しつつある存在であることの認識のもとで尊重されること、の四つが定められています。また、「国は児童虐待に対する具体的な法制度を整備する必要がある」と第一九条で定めています。これは条約ですから、国家もその条項が求める水準を達成することが必要になります。まず、人権救済を申し立てる制度を確立することが必要です。そこには、子どもが自らの人権救済を申し立てる制度を含みます。つぎに、権利を主張するためには、子どもの代弁をする制度が求められます。これは、子ども自身が権利の主張をすることが不可能なことが多いからです。そして、子どもの利益の判断について、第三者的な立場から調整する制度が求められます。児童虐待防止のためのサービスとして、そして同時に、総合的な社会的システムとして、このような要請を実現させることが必要になります。

ところで、これらの点についての日本の実態はどうでしょうか。日本では子どもの人権を救済する制度は極めて不充分だといわざるをえません。たとえば、日本の児童を守るための基本である児童福祉法では、その二五条において通告制度、一五条二項、一八条二項において児童相談所・福祉事務所への相談、一二、三三条において児童委員への相談、一時保護の規定があるのみです。また、子ども本人が直接的に救済を申し立てるシステムになっていないことや、制度が子どもたちに知らされていないこと、さらに、子どもたちにも権利意識が希薄であることなどがあげられます。また、少年法一〇条の少年審判における付添い人制度、民法八二六条の親権者が選任を要請する特別代理人制度がありますが、子ども自身は弁護士などの代理人を選任できません。現行制度では、児童福祉司や家裁調査官が権限としてその役割を担うのみです。子どもの権利の調整は最終的には司法機関としての家庭裁判所に委ねたほうがいいのかもしれませんが、そうはいっても実際上は家裁のみで対応できないことが多く、そのためにも、第三者機関の設置が必要だと思います。

このように、日本には児童福祉法という法律はありますが、児童虐待を統一的に取り扱う法的・制度的システムがありません。今後の課題としては国内法をいかに早急に整備していくかということになりますが、現実的な問題としては、実際に起こっている日常の児童虐待の犠牲者が一人でも少なくなるような対応を図っていかなければなりませんし、犠牲者がいる場合には、早期に発見し保護する措置をとっていくことが必要になってまいります。この点、医師の立場は、実際に診療に携わることからもっともなまなましく現実を窺える環境にあり、きわめて重要なものとなります。しかし、たとえ虐待の疑いがあると思われても、親の承諾なしに診察を行ったり、親の依頼を超えた診察を行ったりすることは躊躇することも多いと思います。また、医師は病名の判断はできるが、何が原因で傷害が起こったかということまではわかりませんので、診断書にどこまで記載できるのか、などなど疑問も多いと思いますが、診療行為の基準は、やはり子どもの最善の利益を確保するために最も望まれることはどういうことかという原点に帰って判断することだと思われます。児童虐待が日常生活の中で蔓延してきている現在の実態をかんがみて、児童虐待問題の対応に果たす医師の役割は極めて大きくなってきています。また、医師の診断書は裁判での重要な判断材料となるため、診断の際に気づいた不自然な状況や疑問点はきちんと診断書に記載しておく配慮が求められているといえるでしょう。また、医者に限らず、子どもに関わる職業の人々に対しても、児童虐待を早期に発見するための診断方法を具体的に定めたり、また、援助のためのマニュアルの作成、それらの相互的共有、全体的にバランスのある知識などを持つことが重要になると思います。

五　環境の整備

このように、児童虐待から子どもを守るためには、周囲の環境による援助が大きな要素になります。虐待をする可能性が現実となる前に、事前に予防するための各種の工夫はなされなければならないことです。予防のための直接的な方法としては、親自身が自己の性格を理解することや、自己統制の仕方を習得するための機会を持てるようにすべきでしょうし、子どもの自立と親の躾との関係を理解して、子どもへの接触の意識を改善する機会を設け、子どもの扱い方の技術や知識が得られるようにすることも必要でしょう。また、親に対して定期的な育児相談をしたり、子育ての方法や手段などについての情報を提供したり、親を支える環境や基盤を人的にも物的にも整備していくことが重要だと思います。また、間接的な方法としては、命の尊さ・健康の有難さを自覚させるような機会を設ける工夫が必要ですし、また、生きることの意義や楽しみを自ら自覚させるような場を作っていくことも大事でしょう。そのためには、問題のある親を決して孤立させないことが必要です。

しかし、そのような具体的なことを実践するとすれば、個人の力だけでは限界があります。そのためには、ボランティア団体の活動などと連携して対応することが求められます。ところが、この領域では、日本の現状は欧米と三〇年の格差があるといわれております。現状を克服するためには現実的に可能な援助のネットワーク体制を構築する必要があると思います。まず、公的機関としてなすべきことは、関係する機関や担当官を増やすという基本的なハードの充実であり、また、情報交換システムを確立したり、担当者会議・担当機関会議を定期的に開催したり、子どもを送致・紹介するシステムを確立するなどの体制をつくりあげることが必要になってまいります。さらに、地域的な援助グループを育てたり、地域の自発的援助グループとの協力連携を作り上げることが大事になってまいります。

くりかえしますが、児童虐待の問題で重要なことは、虐待された子どもを早急に保護して身の安全を守ることであり、また、虐待をしたくなくてもついついやってしまう人や、その自覚がまったくなくて虐待を重ねている人がいかにして虐待をしないように国や社会が工夫していくかということです。いままで述べましたことはそれらの点についての課題であったわけです。

II　教育を受ける権利と義務教育

日野田浩行

はじめに

今日は、「子どもをめぐる現在」という共通テーマでの第二回目として、「教育を受ける権利と義務教育」というタイトルの下で、お話しさせていただくことにしました。子どもをめぐる様々な問題の中で、教育というテーマは、いうまでもなく、非常に重要な位置づけをもってくるものと思われます。

さて、子どもの教育の今日的諸問題について考えるといいましても、すぐにお気づきのように、考えるべきことがらは、非常にたくさんあるように思われます。現在大きな問題となっております学級崩壊の現状をどう分析し、それにどのように対処していったらいいのかといったこと、あるいはこの問題とも関連することですが、初等・中等教育における教育改革のあり方、さらには今後の大学教育のあり方をどのように考えるべきなのかといったことは、まさにわれわれの社会が直面している緊急の課題であるといえるかもしれません。その他、学校儀式における国旗掲揚・君が代斉唱の指導をめぐっても、法制化の後もさらに議論がなされるでしょうし、教科書検定訴訟に代表されるような、国の教育内容への関与のあり方についても、今後は国と地方との関係も視野に入れたうえで、よりつっこんだ議論がなされる必要があると思われます。また、国レヴェルでの情報公開法が制定され、個人情報保護法の整備への取り組みがなされる中で、医療情報の開示と並んで前向きに検討されつつある教育情報、とりわけ内申書や指導要録の開示をめぐる状況も見逃せないところです。

ところで、これらの問題については、すでに様々な方面から検討がなされ、多くの有益な提言もなされてきているところでしょう。政府の諸部門、特に文部省とその附属機関、あるいは地方自治体の諸機関、特に教育委員会のほか、たとえば教育学・心理学等の研究者、あるいは教育現場に携わっている多くの方々が、子どもの教育をめぐる様々な問題に取り組んでおられるわけです。しかし、今日のお話は、そうした考察や提言をいろいろと検討しながら、いくつかの具体的問題について、何か新たな知見、あるいは政策的な提案をご披露するというものではありません。私は、法学部で憲法の授業を担当しておりますが、本日は、そうした教育をめぐる様々な具体的諸問題も一応視野に入れながら、まずは、日本国憲法が要求する教育、特に義務教育のあり方とはいったいどのようなものなのだろうか、ということを考えてみることにしたいと思います。

法律学では、規範論と政策論は区別すべきであるということがよくいわれます。たとえば、憲法九条が戦争を放棄し、戦力を保持しないとしているのに自衛隊が存在し、米軍が駐留することを憲法解釈の問題としてどう考えるかは、現在の国際情勢の中で、わが国がどの程度の実力組織を持つのがよろしいのかという問題とは、別個の問題であるといった具合にです。ただ最近では、憲法学も純粋な規範論・解釈論だけではなくて、もっと具体的な制度のあり方にふみこんで、憲法理念をもっともよく実現できる制度設計についても考えるべきではないか、といった主張もなされておりますが、そうした憲法政策論的な考察がなされるためにも、憲法の個々の条文あるいはその全体構造を、立憲主義の理念に即して解釈し、その要求するところが何なのかを確定する作業はどうしても必要になってくるわけです。子どもの教育をめぐる現在を考えるうえでも、まずは、日本国憲法の要求する理念を、しっかり押さえておく必要があるのではないか。そして、この作業は、今日、われわれが直面している様々な問題を考える上でも、重要な指針を与えてくれるのではないか、ということです。

もっとも、皆さんは、次のように考えられるかもしれません。つまり日本国憲法や教育基本法が掲げている教育の理念などは、私たちはもう十分に理解している。いまさらそんなことを確認してなんになるんだ。そんなことよりも、今は山積している教育問題を具体的にどうやって解決するか、その途を探ることこそが重要なんだ、といったふうにです。しかし、私には、そうは思われません。現在、私たちは憲法の描く国家、社会、個人像をどのように理解するか、このことは教育問題に対しても、重要な意味を持って基本的な態度決定を迫られていると私は思っていますが、二つの大きな流れの中で基本的な態度決定を迫られていると私は思っていますが、このことは教育問題に対しても、重要な意味を持ってくるといわざるをえないからです。以下、まずは教育を受ける権利について定めた日本国憲法の二六条を確認することから始めることにしましょう。

一　憲法二六条が規定する「教育を受ける権利」の中核としての子どもの学習権

さて、憲法二六条には第一項と第二項がありますが、まず二六条一項は次のように規定しています。「すべて国民は、法律の定めるところにより、その能力に応じて、ひとしく教育を受ける権利を有する」。ここでいう教育を受ける権利については、かつては、一般に、次のようなとらえ方がなされていました。すなわち、本条がいわゆる二五条の生存権規定にはじまる社会権として体系づけられることにより、その内容についても、教育の機会均等を実現するための経済的配慮を国家に対して要求する権利という意味づけが与えられていたのです。その結果、たとえば、戦前から戦後初期の憲法学説をリードした宮沢俊義においても、後で見る二六条二項との関係で、義務教育レヴェルでは、「教育を受ける権利」をいうことの意味はあまりない、というような捉え方をしています。すなわち、「普通教育は、義務教育であり、しかも無償と定められているから、その点については、特に教育を受ける権利をいう実益は少ない。……教育を受ける権利は……貧乏人に対しても、高等教育を受ける可能性を保障しようとするものである」（宮沢俊義『憲法II〈新版〉』〈有斐閣・一九七四年〉四三五頁）といった具合です。

しかし、「教育を受ける権利」とは、そのようにとりわけ経済的側面から、国家の側が配慮すべきものとしてのみとらえられるべきでしょうか。国民の「教育を受ける権利」とは、人が一定の知識・教養を身につけるだけでなく、各人の能力を開花させ、人格形成を行っていく、すなわち「人が自己を人として造り上げていく」うえで重要なものであり、まさに個人の「権利」の側からみるべきものではないのか。要するにここでいう「教育」とは、単なる体系的な知識の伝授ということではなくて、ある論者の言葉を借りれば、「インテグリティとしての教育」、すなわち「諸個人が一個の人格統合体として完結することを目標として生きてゆくための学習過程」（奥平康弘『憲法III』〈有斐閣・一九九三年〉二五五頁）ということです。そして、そうした「インテグリティとしての教育・学習課程」を経ることが、人としての権利、つまり人権であることを憲法二六条は宣言しているのではないか。そうした意味において、それは「教育」の内容や方法、義務教育レヴェルにおいてもその「教育」のあり方を問うものなのではないか、こうした疑問が出されることになります。

こうした教育学の見地からの批判により、今日では、「教育を受ける権利」の概念を、「学習権」という観念を中心に構成する捉え方がなされるようになってきています（参照、堀尾輝久『現代教育の思想と構造』〈岩波書店同時代ライブラリー・一九九二年〉一六六頁以下、兼子仁『教育法〔新版〕』〈有斐閣・一九七八年〉二二八頁以下）。すなわち、すべて人は学習によって自己の人格を発展させ成長発達していく権利があるという考え方です。そして、こうした意味での学ぶ権利、学習権というものは、人間の本性に関わる本質的権利として捉えられることになります。憲法論としては、日本国憲法の根本原理として一三条前段に謳われている個人の尊重原理を基礎として、同条後段のいわゆる幸福追求権の一内容に当然含まれるものであると考えられます。あるいは、憲法二五条の生存権の一内容にも含まれることになるでしょう。こうした学習権は、子どもだけではなくて、すべての人々に保障されるべきものであり、この成人一般ないし住民あるいは市民の学習権に対応して、社会教育ないし生涯教育のあり方の問題も「教育を受ける権利」の問題として論じることができるかもしれませんが、このように「学習権」の観念を基礎においた「教育を受ける権利」においては、なによりも親権者の保護にかかる「子ども」の権利が中心に置かれざるをえません。なぜなら、「子ども」は、児童科学にいう創造性をふくんだ発達可能態であり、後でみる判決が述べているように、「未来における可能性を持つ存在であることを本質とする」ものであるにもかかわらず、自ら学習する能力が限定されているが故に、その権利性の要求は、その実存の本質的要素の一つに高められているといえるからです。

このように、日本国憲法二六条を「子どもの学習権」という観念を中心に把握しようとする立場は、判例においても認められています。その代表的判例として、ここでは二つの判例を挙げておきましょう。一つは、いわゆる家永教科書裁判の第二次訴訟の下級審判決で、杉本判決と呼ばれているものです（東京地判昭和四五年七月一七日行集二一巻七号別冊一頁）。本判決についてはまた後でふれますが、ここで簡単に事案の内容を紹介しておきましょう。現在、小・中・高等学校で使用する教科書については、学校教育法の規定により、文部大臣の検定を経なければならないとされていますが、この訴訟では、この教科書検定により不合格処分を受けた教科書の筆者が、当該不合格処分が違憲・違法であるとしてその取消しを求めて出訴いたしました。その理由は、教科書検定制度が、憲法二一条二項で禁止された検閲に該当する、ということ、そして憲法二六条は、国民の教育の自由を保障しているのであって、これにより、国が教科書検定を通じて教育内容に介入することは許されない等です。そしてこのような原告の主張を受けて、杉本判決は、本件不合格処分を違法としたのですが、その理由の中で、本判決は教育の本質をふまえて、憲法二六条の教育を受ける権利につき、子どもの生来的権利である学習権を憲法上保障したものであると把握したのです。そこでは次のように述べられています。すなわち、「子どもは未来における可能性を持つ存在であることを本質とするから、将来においてその人間性を十分に開花させるべく自ら学習し、事物を知り、これによって自らを成長させることが子どもの生来的権利であ」るということです。そして、この子どもの学習権に対応する教育の責務を負うのは、親を中心とした国民であり、これを国民の教育の自由と解し、国の教育内容への介入を原則として否定していますが、この点については、また後でふれたいと思います。

もう一つの判決は、いわゆる旭川学力テスト事件と呼ばれる訴訟の最高裁判決です（最大判昭和五一年五月二一日刑集三〇巻五号六一五頁）。事案は、昭和三一年度から一〇年間、文部省の指示に基づいて行われた全国学力テストに関するものですが、この学力テストについては、文部省が各生徒の成績評価という形で、現場の教師の頭越しに学校教育に介入するものであるとの強い批判がなされていました。本件は、こうした状況の中で、旭川のある中学校で実施された全国中学校一斉学力調査を実力で阻止しようとした被告人四人が、建造物侵入罪、共同暴行罪、及び公務執行妨害罪で起訴されたという刑事事件です。第一審判決及び控訴審判決では、本件学力テスト実施には重大な違法があり、よって公務執行妨害罪は成立しないとされましたが、他の罪との関係では被告人らは有罪とされました。これに対して最高裁は、国の教育内容決定権を一定限度で認め、学力テストは適法であると判断しましたが、その前提として、やはり国民及び子どもの学習権の観念について、次のように述べています。憲法第二六条の「規定の背後には、国民各自が、一個の人間として、また、一市民として、成長、発達し、自己の人格を完成、実現するために必要な学習をする固有の権利を有すること、特に、みずから学習することのできない子どもは、その学習要求を充足するための教育を自己に施すことを大人一般に対して要求する権利を有するとの観念が存在していると考えられる」。しかし、このことから、教育内容決定権が国民にあるのか、国家にあるのかという問題について一定の結論は当然には出てこないとして、本判決は、一定限度での国の教育内容決定権を認めるわけですが、この点については、また後で述べることにしましょう。

このように、憲法二六条の「教育を受ける権利」については、学習権、特に子どもの学習権を中心に考えなければならないという認識が、学説のみならず判例においても共有されるようになってきているのですが、こうした子どもの学習権の観念からは、様々な具体的権利ないし自由が導かれることになります。たとえば、学説においては、次のような内容の権利・自由が列挙されています。すなわち、社会権としての性格を持つ就学援助を受ける権利、あるいは適正な教育的配慮を受ける権利、不当な懲戒処分を受けない権利、妨げられずに教育を受ける自由、就学や出席を拒む自由のほか、著しく不適切な内容の教育からの自由といったものです（参照、内野正幸『〔新版〕憲法解釈の論点』〈日本評論社・一九九七年〉一〇三頁）。ここで注意しなければならないのは、この学習権を中心として構成された教育を受ける権利は、以上の具体的内容を見てもわかるように、国家からの積極的配慮を請求する生存権的基本権としての性格と、国家から不当な干渉を受けないという意味での自由権としての性格を両方兼ね備えることになるという点です。その際、どちらかといえば自由権としての側面が前提に置かれるべきではないかと思われます。旭川学力テスト事件最高裁判決も、次のように述べて、憲法二六条が教育の自由の根拠規定になることを認めています。すなわち、「子どもが自由かつ独立の人格として成長することを妨げるような国家的介入、たとえば、誤った知識や一方的な観念を子どもに植えつけるような内容の教育を施すことを強制することは、憲法二六条、一三条の規定上からも許されない」ということです。ただ、こうした自由権としての側面は、他の自由権的基本権、とりわけ憲法一九条の定める思想・良心の自由、二〇条の定める信教の自由、二一条の表現の自由といったものと重なりあうところが多く、むしろそうした他の自由権の問題として扱うべきものについては、ことさらに二六条を持ち出す必要はない、という考え方もありうるところです。現に後で述べるように、欧米では、例えば親の教育の自由が、信教の自由として主張される場合が多いという事情が指摘されるべきですが、教育の場面においては、やはりこうした自由権と並んで、二六条の問題として扱うべき場合が多いのではないかと思われます。

二　子どもの学習権を充足するために大人は何をなすべきか

以上のように、憲法二六条の「教育を受ける権利」については、学習権、特に子どもの学習権を中心に考えていくとして、それでは、子どもたちは、この学習権を誰に対して行使するのでしょうか。今見た旭川学力テスト事件の最高裁判決が述べるように、この子どもの学習権を充足するのは「大人一般」であるということになるのですが、それでは具体的に「大人一般」は、子どもたちに対してどういうことをしなければならないのでしょうか。この点、憲法二六条の第二項が次のように定めています。「すべて国民は、法律の定めるところにより、その保護する子女に普通教育を受けさせる義務を負ふ。義務教育は無償とする」。つまり本条項では、まず前段で親権者が子どもに「普通教育」を受けさせる義務を定めています。ここでは「普通教育」といっているだけで、その「普通教育」を家庭教育で行うのか、それとも学校が行うのかは必ずしも明らかではありません。しかし、現代社会における経済的・技術的・文化的発展の下で、すべてを家庭教育でまかなうというのは、一般の親にとってはとても大変なことです。かように教育に対する質的・量的要求が増大するに従い、充実した教育施設と教育専門家たる多くの教員を具備した教育制度が必要とされ、かくしてこうした教育制度の整備が国や地方公共団体に対して要求されることになります。そしてそれは、二六条一項が要求するように、子どもたちの「能力に応じて、ひとしく」教育を受ける権利を充足するものでなければなりません。いわゆる教育の機会均等の原則ですが、ここではまず、経済的理由によって就学の機会が奪われることのないように必要な措置が要求されることになります。憲法第二六条二項後段で定める義務教育の無償は、そのための最小限度の保障となるものですが、教育の機会均等の要求においては、子どもの心身の発達機能に応じた教育が保障されなければならないということも押さえておかなければなりません。たとえば、心身障害児のために、一般の場合以上の条件整備を行うことなどが積極的に要請されるとの解釈がここから導き出されますが、他方でこの問題については、次のような論点が今日クローズアップされていることに注意が必要です。すなわち、障害児は、普通学校の普通学級、普通学校の特殊学級、養護学校のいずれかに就学するか、または家庭にあって訪問教育を受けることになっており、こうした障害児の教育措置の決定、学校の指定については、専門家の委員会の答申を受けて教育委員会が行うことになっています（ただし、特殊学級に所属させるのは校長の権限）。ところがこの教育委員会（ないし校長）の決定と親の学校選択の自由との対立が、今日重要な問題になってきています。下級審判決では、普通学級と特殊学級のいずれに所属するかについて親の選択権が否定されていますが（旭川地判平成五・一〇・二六判例時報一四九〇号四九頁、札幌高判平成六・五・二四判例時報一五一九号六七頁）、障害児の教育を受ける権利を実質的に保障するために、どちらの意見を優先すべきなのか。ここでは、子どもの学習権を充足することを「大人」がしなければならないといっても、そこでいう「大人一般」が決して一枚岩ではないことが、一つの例としてあがっているように思われます。

三 「普通教育」の内容や方法を決定するのは誰か

1 国民教育権説と国家教育権説

前節の最後で述べた問題については、より一般化して、次のようにいうことができるでしょう。すなわち、子どもたちは、自らの学習権に基づき、「大人一般」に対して「普通教育」を行うことを要求する。しかし、そのなすべき「普通教育」とはなんなのか。その内容や方法について、親、教師、地域社会あるいは地方公共団体、国の考え方が違う場合には、どうしたらいいのか、ということです。

この問題については、従来から国民教育権説と国家教育権説の対立が大きな軸となってきました。先にみた教科書裁判や学力テスト訴訟においても、ここが大きな争点となっていたのですが、まず国家教育権説というのは、次のような考え方です。すなわち、子どもに教育を与える主体、特に子どもに対する教育の内容を決定する権限を有するのは誰かといえば、これは国家である。国家は、市民社会の担い手を育てる公教育の場を支配する。そこで貫徹されるべきものは、国民全体の教育意思であるべきであり、その教育意思は、議会制民主主義の下では、国会の法律制定によって具体化される。法律は公教育の内容及び方法について包括的に定めることができるのであって、公教育を実施する教師の教育の自由も、こうした国民全体＝国家の教育意思によって制約されるのだ、ということです。

これに対して、国民教育権説は次のように考えます。子どもに対する教育の内容を決定する権限、教育権の主体は、国会や文部省といった国家機構とは区別された、親を中心とする国民全体である。

国のなすべきことは、国民の義務教育の遂行を側面から助成するための諸条件の整備に限られ、公教育の内容及び方法については原則として介入することはできない。教育内容や方法の決定については、親を中心とした国民から付託を受け、そうした国民に対して教育的責任を負う教師がこれを行い、その決定を実施すべきであり、この国民全体への責任を伴う教師の教育の自由は、憲法二三条の学問の自由に支えられている、というものです。この考え方は、先の国家教育権説が、国家機構の意思＝国民全体の意思ととらえているのに対して、政府と市民との二元的対立関係の中で教育権の所在の問題を考えようとしているといえるでしょう。要するに国家教育権説は、国民の意思というものは、議会制民主主義の下では、国民代表機関たる国会によって代表されるのだから、国会の決定の下での教育制度＝すなわち国民自身が望む教育制度なのだという論法です。しかし、教育がそれを受ける者の人格形成、もっと端的にいうと思想形成にまで深く関わる可能性があるものである以上、いかなる内容のものであれ、教育内容については、国民全体の意思を受けた国家が決定しうるのだという考え方は、日本国憲法の基本的人権規定に明らかに抵触するものです。国会の成立させる法律だって、国民の人権を侵害することがあります。だからこそ司法審査制というものがあるのですが、その他にも、本当に教育の在り方について国会が法律という形式で決定しているのか、という問題があります。教科書裁判で問題となった教科書検定についても、学校教育法に細かい手続きや基準が定められているわけではなくて、実質的には文部省令や文部省告示のレヴェルで定められているわけです。法律は、私たちが直接選挙した議員によって可決されているといえるでしょうが、文部省令や文部省告示は、法律の委任を受けているにしても、文部大臣の責任で、実質的には文部省において作られたものです。

2　旭川学力テスト事件最高裁判決

さて、以上の二つの考え方が対立している状況の中で、どちらが妥当なのか、一定の解答を示したのが、先に紹介した旭川学力テスト事件の最高裁判決でした。ここで最高裁は、国家教育権説及び国民教育権説のいずれも極端であるとして、教育の本質からして教師に一定の自由が認められると同時に、国の側も一定の範囲で教育内容について決定する権能を有するとの立場を示しています。

ここで問題になっているのは、子どもの学習権を充足するための親や教師、あるいは私学の「教育の自由」の根拠及びその内容・限界、あるいは「公教育」の在り方をどのように考えるか、ということです。そして、基本的には今見た旭川学力テスト判決の示したアプローチが学説においても一定の評価を得て、その後の議論の展開を促したといえるでしょう。要するに、憲法第二六条の定める「教育を受ける権利」については、今日では、議論の出発点として、子どもの学習権という観念を中心に、子ども・親・教師・私学・地域社会・国家等、教育に関わるそれぞれの当事者の自由や権利義務関係を明らかにする必要があるということです。

3　従来の「教育の自由」論の特質

ここで、注意しなければならないのは、わが国における「教育の自由」論、あるいは公教育のあり方をめぐる議論は、欧米の近代立憲主義憲法の下での公教育論や「教育の自由」論とは違った、憲法論的にみていささか特殊な現れ方をしているとの指摘がなされている点です。つまり、欧米の近代市民革命期における公教育の使命は、教会や王党派勢力に対抗して、共和制の理念に基づく新たな国家・

社会秩序、つまり平等の市民からなる単一不可分で非宗教的な共和国とそうした共和国を支える市民を、国家が教育を通じて創出するという思想に支えられていたわけです。そして、こうした公権力に対抗する形で「教育の自由」が主張され、それはしばしば親の「信教の自由」のかたちをとったということです（樋口陽一『憲法〔改訂版〕』〈創文社・一九九八年〉二六九頁）。わが国の場合において、実は信教の自由に関わる事例にこのような構造を見ることができるものがいくつかあります。たとえば、キリスト教の教会学校に出席のため日曜日の参観授業に欠席した児童及びその両親が、学校に欠席扱いされたことを争った訴訟（東京地判昭和六一・三・二〇判例時報一一八五号六七頁）や、これは義務教育ではありませんが、信仰上の理由から剣道の実技授業の履修を拒否したため、最終的に退学処分を受けた学生が、この処分の取り消しを求めた訴訟（最判平成八・三・八民集五〇巻三号四六九頁）を、そうした構造をもつものとして挙げることができると思います。これに対して、たとえば教科書検定制度を争う訴訟において「国民の教育権」が語られるとき、そこでは、公教育の理念から逸脱させる教育内容への干渉が国家によって行われているとの前提のもとに、あるべき国家介入＝公教育を代位するものとして、特に「教師の教育の自由」が、「国民の教育権」の名のもとに主張されてきたという構図があったということが指摘されています（同書二七〇頁、長谷部恭男・憲法〈新世社・一九九六年〉二七七～八頁）。

しかし、教師の教育の自由や学問の自由、あるいは教科書執筆者の執筆の自由に対する侵害もさることながら、たとえば教科書検定訴訟において本当に問題とされるべきは、やはり、検定制度を通じて行われる「政府による、学校生徒に対する特定の価値投入」が、生徒の思想の自由や「教育を受ける権利」を侵害することになるのではないか、という論点であるといわざるをえません。教科書検定制度において、文部省の「検定意見」が、場合によっては教科書執筆者の見解をも押さえ込んで教科書を作り上げ、そうして作成された教科書を学校教育の場において使用することが義務づけられるという状況をとらえて、ある論者が指摘しているように、「教科書検定は、［政府が］自ら製作した公的言論を、法的拘束力をもって、市場に流通させる行為である」（蟻川恒正「思想の自由」樋口陽一編『講座憲法学3・権利の保障（1）』〈日本評論社・一九九四年〉一二〇頁）と表現しうるとすれば、同じ論者が述べているように、問題を次のように要約することができるでしょう。つまり、ここでの問題とは、「政府が、教科書検定制度と其の運用を通して、執筆者の専門学術的知見をも押え込み、それどころか執筆者を『道具』にまでして、政府自らのイデオロギー的見地を『囚われの聴衆』たる生徒に植え付けることが可能になっている、という問題」です（蟻川恒正、前掲論文一二二頁）。

四　教育の自由と学校の教育責任

1　「教育の自由」論の新たな位相

こうした観点から見るとき、従来の教育権論争の構造に対して、最近では、従来ややもすると軽視されてきた「親の教育の自由」や、子どもたち自身の権利・自由を中核にすえた「教育の自由」論が強調されるようになってきていることは注目に値します（内野正幸「『教育の自由』法理の再点検」ジュリスト臨時増刊『憲法と憲法原理─現況と展望』〈一九八七年〉二四二頁）。その背景の一つとして挙げられるのは、髪型規制に代表される、パターナリスティックなとも表現される校則や生徒指導の在り方に対する生徒自身の異議申し立てが、自己決定権という形で主張されるようになったことを挙げることができるでしょう。自己情報コントロール権という考え方に基づく内申書や指導要録の開示の要求も、同様です。あるいは規制緩和と分権という流れの中で、教育の場面においても個性と多様性を重視すべきであるという主張がなされるようになってきたことが、こうした新たな「教育の自由」論の動向と相互に関連性を有するのかもしれません。

こうした状況の中で、今後は、学説においても指摘されているように、親への子どもの就学強制と、親や子どもの憲法上の権利・自由との矛盾対立が、わが国においても顕在化するようになる可能性は十分にあるのではないかと思います。例えば、アメリカ合衆国においては、最高裁における判断がなされた次のような典型的な事件があります（Wisconsin v. Yoder, 406 U.S.205［1972］本判決については、奥平、前掲書二五七頁以下に興味深いコメントがある）。事案は、プリミティヴな生活様式を保持することを宗教上の信念としているあるプロテスタント教派の親が、義務教育においてこの宗派の許容する限度を超えた余計な知識を押しつけていると考え、一定学年以上の就学を自分の子どもに拒否したというものです。ここで合衆国最高裁は、本件における一定以上の学年の就学強制は、親の宗教上の信念に基づく教育の自由を侵害するとの判断を下しました。この事案のように、わが国においても、学校の教育内容が、親などの教育観に反するとして争いになる事態は、決してないとはいえないのではないでしょうか。

ご存知のように、保護者が子どもを就学させる義務を怠ったときには、最終的には学校教育法九一条によって、一〇万円以下の罰金に処せられることになります。私の見た限りでは、先に紹介したアメリカ合衆国の事案のような文脈において、ことが刑事裁判に発展した事案はみあたりませんが、親の教育方針が学校のそれと異なるという理由で学校に行かせないという場合に、罰金でもって就学させる義務を強制するのは、親の教育の自由との関連でどのように考えるべきなのでしょうか。この点については、義務教育が学校教育法では学校教育に限定されているのに対して、一定の条件の下で、家庭教育等、学校以外において教育を受けさせる親の教育の自由が認められるといった解釈が、たとえば憲法学の一般的なコンメンタールにおいて示されることになります（樋口陽一ほか『注解法律学全集2・憲法II』〈青林書院・一九九七年〉一七六頁〔中村睦男執筆〕）。その理由としては、次のようなことが述べられています。すなわち、「子どもの教育を受ける権利の保障は画一的な教育ではなく、子どもの個性に合った教育を要請し、また親の思想深層に基づく教育の自由が重要であることを考えると、学校教育には一定の限界があるので、親が家庭教育等学校以外において教育を受けさせる義務を履行することを、親の教育の自由の一環として認める余地を全く否定してしまうことは問題である」からということです。ただし、この見解においても「その場合には、学校教育外での義務履行のためには国が一定の条件を定め、かつ教育効果についても国が審査を行う必要があろう」との条件が付けられていますが、この条件についても、それを厳格に行うか、緩やかな基準設定にとどめるかなど、議論がありうるところです。

2 公教育の理念と憲法

憲法学の観点からみた場合、ここでの問題の核心は、次の点にあると思われます。すなわち、一方で、現代の社会国家ないし福祉国家が、積極的に教育を行うことを自らの使命とし、または要請されているにもかかわらず、他方で、教育というものが個人の人格形成に深く関わるものであり、したがって、国家の関与が行き過ぎてしまうと、それは個人の自由にとって大きな脅威になるおそれがある、ということです。現代の各国憲法には、一般に自由国家と社会国家という二つの思想の共存が見られ、日本国憲法も、伝統的な自由権を手厚く保障しながら、同時に社会権を保障し、国家の積極的な社会経済政策の展開を予定しています。日本国憲法においては、この両者をできるだけ調和的に共存させることがめざされているのですが、あえて図式化した形で申し上げるならば、ここで問題としている「教育」の場面においては、自由国家の理念と社会国家の理念が、高度の緊張関係を示しているといえるでしょう。この緊張関係を非常に鋭敏にとらえる論者は、現行のわが国の教科書検定制度を政府による一定の言説の authorization ととらえ、同様に教科書の無償配布を政府による教育の sponsorship ととらえたうえで、これらが同時に教育の場面での政府による screening をもともなっているという基本構造の中で、教育の受け手たる生徒は、教育を受ける権利を拡充されているかに見えて、実は、政府によって濾過された教育だけを受領する不自由な主体に転化せしめられているという指摘を行っているのです（参照、蟻川、前掲論文一二九頁以下）。

こうした緊張関係を意識しながら、日本国憲法においてめざされている自由主義と社会国家の理念を調和させる解釈ないし方策が模索されなければならないと思われます。その一つの解答が、政府は、教育の外的な条件整備については責任を負うけれども、教育内容について介入することは許されないという国民教育権説の見解です。これに対して、旭川学力テスト事件最高裁判決においては、こうした国民教育権説の見解を、国家教育権説同様に極端であると退けたうえで、国は、一定限度で教育内容に関与できる、との立場が示されております。

しかし、それでは、国はどの程度教育内容に関与できるのでしょうか。同判決では、国の教育内容決定権限の限界として、「本来人間の内面的価値に関する文化的営みとして、党派的な政治的観念や利害によって支配されるべきでない教育」に対して、国家的介入はできるだけ抑制的であることが要請されると述べられていますが、これはどのような射程でもって語られているのでしょうか。そして、この点に関して、子どもや親はどのような形で自らの要求を貫徹できるのでしょうか。あるいは、国と一言でいっていますけれども、法律がどの程度まで規律を行うべきなのか、文部省と地方公共団体の教育委員会はどのような関係を保つべきなのか。これらの点については、学校教育が国の監督に服することを定めながらも、他方で、子どもに対する親の教育責任を強調するドイツ基本法の解釈をめぐる議論を参照して考えてみたいと思います。

3　ドイツにおける国家の教育任務と親の教育権をめぐる議論

ドイツの憲法であるドイツ連邦共和国基本法は、その七条一項において、「全学校制度は、国の監督の下にある」と定めています。ここでいわれている学校監督の権限とは、広く「学校制度の組織化、計画策定、指導、及び監督のための国家の諸権能の総体」（BVerwGE 47, 201［204］）を指すものであり、ここから、学校機構の創設及び維持、学習課程の内容的プログラム策定、並びに指導目標（Lehrziele）の設定と児童・生徒がこれをどの程度達成したかの決定が、国家によってなされるものと解されています（BVerfGE 59, 360〔377〕）。このように、ドイツにおいては、憲法上、教育内容の決定権限をも含む広範な国家の形成権限が認められているのですが、この点に関しては次の諸点に注意が必要です。

① 親の教育責任と学校の教育責任

まず第一に、基本法は、こうした国家の学校監督権限を定めると同時に、その六条二項前段において、親の教育権について定める次のような規定を置いています。すなわち、「子の養育と教育は、親の自然的権利であると同時に、まずなによりも親に対して課せられる義務である」。ここでは単に「教育」と訳しましたが、ドイツ語としては、ここでErziehungという言葉が用いられていることに注意が必要です。ドイツにおいては、知識・技能の伝達に関する教養的教育（Bildung）と、行動モデルや価値観の伝達に関する人格的教育（Erziehung）の二つの概念が区別されたうえで、自由主義的立憲国家において国の監督下にある学校は、そもそも後者、つまり人格教育を行いうるのか、という問題が提起されてきました。

一つの解答としては、個人の精神的自由を重んじる自由主義国家において、学校は知識・技能の伝達に自らの任務を限定すべきであり、道徳や価値観の形成に係る人格教育は、専ら親に委ねられるべきである、という考え方があります。国家が公教育制度を通じて、特定のイデオロギー的強化を行えば、それは思想・良心の自由の侵害であり、場合によっては信教の自由の侵害となることを考えれば、無条件に価値観に関わる人格的教育を学校が行うことを認めることはできないでしょう（ドイツの議論を参考に、こうした観点から学校の教育活動が、憲法核心の伝達を例外として、原則として人格的教育の領域に踏み込んではならないことを強調する学説として、西原博史『良心の自由』〈成文堂・一九九五年〉第二部参照)。しかし、他方で教育というものが全く価値中立的に行われうるものであるという想定も疑問です。特に社会的事象に関わる教科については、それをどう評価するかということも含めて教育を行うべきでしょうし、憲法の基本原理である個人の尊重や民主主義といった価値は、正当な教育内容として是認されるでしょう。この点、ドイツの判例や学説の多数は、教養的教育と人格的教育を明確に区別することができないことを前提に、そうした形で一体となった教養的教育及び人格的教育を国家の監督を受ける学校が行うことは、憲法上是認されていると解していますが(BVerfGE 47, 46〔71f.〕; A. Dittmann, Erziehungsauftrag und Erziehungsmaßstab der Schule im freiheitlichen Verfassungsstaat, in: VVStRL 54, 1995, 53ff.)、その場合、こうした学校の教育責任と親の教育責任は、どういう関係に立つのでしょうか。

この問題について、ドイツの連邦憲法裁判所は、ひとりひとりの子どもの教育に、親と学校は、どちらかが優位するということではなくて、同列の立場から責任を負うのだという見解を示しています(BVerfGE 47, 46〔72〕)。しかし、この「親の責任と学校の責任の同列」というテーゼは、ドイツの学説において指摘されているように(R.Gröschner, Art. 7, in: H. Dreier (Hrsg.), Grundgesetz-Kommentar, Bd.1, 1996, Rn.56)、家族関係と学校関係の区別という前提の下でのみ承認されうるものでしょう。連邦憲法裁判所自身も、このような観点から、子の教育の全体的プランに対する親の責任は尊重されねばならないという立場にたち(BVerfGE 34, 165〔183〕)、こうした親の責任の尊重から、多様な学校形態の中から学校を選択する親の権利が必要以上に制限されてはならないとして、複線的な学校システムを求める権利とそうした学校システムにおける学校形態の選択権（vgl. BVerfGE 34, 165）、および親の教育にとって重要な学校事項についての情報請求権（vgl. BVerfGE 47, 46 ; 59, 360）が親に認められ、こうした親の教育権が、国の学校監督権限の基本権上の限界とされているのです。

ただ、こうした親の教育権にも一定の限界はあります。まず第一に、他者の法益侵害を教唆するような形で、つまり反社会的行動へと子を教育することまで認められるわけではありません（西原、前掲書一五二頁）。第二に、この親の教育権は、子どもが成長するとともに後退し、代わりに子ども自身の自覚的選択による自由な人格の発展を求める権利が前面に出てくると考えられています（BVerfGE 59, 360［382］）。

② 国家の教育任務の憲法的基礎づけと憲法上の限界

第二に指摘されるべきは、ドイツにおいて国家の教育任務が基本法七条一項により広範に認められ、人格的教育の任務も国家が担いうることが肯定される場合にも、右に述べた親の教育権との関係での限界のほか、子どもの人格展開の基本権や、良心の自由、あるいは平等原則との関係等で、様々な限界があることが意識され、それと共に、許容されうる教育任務の内容や範囲を憲法の観点から基礎づけ、そのことによって国家の教育任務を憲法上方向づけると同時に、憲法上の限界との関係で許容される教育任務の一定の基準を見いだそうとする努力がなされていることです。

この点、先に指摘した親の教育権に劣らず特に重要となるのが、「人格の自由な発展」への基本権を保障する基本法二条一項であり、ここから、児童・生徒等が、批判と自己決定の能力を持つ人格へと成長する可能性を保持しうるよう教育を行う国家の責務が導かれます（Oppermann, Schule und berufliche Ausbildung, in : Isensee/Kirchhof (Hrsg.), Handbuch des Staatsrechts, Bd.Ⅵ, 1989, Rdn.35 ; Dittmann, a.a.O., S.57）。元来この規定は自由権的性格のものですが、基本法において定められた社会国家原理とこの規定を結びつけて解釈することによって、自由な人格形成を子どもたちがなしうる現実的な基盤を国家が積極的に提供すべきであるという思想へと転換がなされているわけです。

さらに、自由主義的立憲国家の客観的法原則としての世界観的中立性ないし寛容の原則も、国家の教育任務を方向づけ、あるいは限界づける重要な要求として議論されています（BVerfGE 47, 46［77］; H-U. Evers, Die Befugnis des Staates zur Festlegung von Erziehungszielen in der pluralistischen Gesellschaft, 1979, S.82ff. 西原、前掲書一三三頁以下は、客観的法原理としてのこれらの原則の限界を指摘し、親と子どもの主観的権利をむしろ強調する）。「人格の自由な発展」への基本権や信仰・良心の自由が、親や子どもの個人権を保護し、これらの個人権が侵害される場合には司法的救済を可能にするものであるのに対して、この原則は、国家活動がなされる際に一定の義務づけを行うものであり、この客観的法原則によって、国家は教育を通じたイデオロギー強化を行ってはならず、様々な世界観・価値観に対して中立的であるべし、という要求が導かれます。ただし、この要求を厳格に貫こうとすれば、価値観に関わる問題は一切扱わないか、あるいは、ある問題について存在するすべての見解を中立的に列挙しなければなりません。後者はもとより不可能であり、その限りでの一定の見解の選別は不可避となります。

さらに、憲法の基本原理を構成する個人の尊重や民主主義といった価値は、民主的立憲主義国家の期待されるべき構成員を育成するためにも、公教育の場において正当に伝達しうる価値であるといえるでしょう。こうしたことから、学校の世界観的中立性を要求する論者も中立性を例外なく貫徹する立場はとらないのが普通であり、あるいは中立性の要求ではなく、よりマイルドに、学校教育の場において要求されるのは「寛容」の原理であるとする見解も説かれています（Oppermann, a.a.O., Rdn. 36.）。実際、多くのラント憲法において、学校制度において要求されるべき原理として「寛容」の原理が教育目標規定として置かれています（以上、西原、前掲書一三三頁以下参照）。

③　多元的で開かれた教育システムへの配慮

第三に指摘されるべきは、いままで「国家の教育任務」という言葉を使ってきましたが、ここでいう国家とは、連邦制の中での各連邦構成国、ドイツではラントといいますが、このラントが主として念頭に置かれているのであって、連邦政府ではない、ということです。ご存知のように、ドイツは連邦制を採用し、いままでお話ししてきた憲法の規定も、ドイツ連邦共和国基本法の規定についてのお話でありまして、各ラントには、それぞれラント憲法というものが存在するわけです。そして、教育に関して、基本法は単にあるべき教育の方向づけのおおまかな枠組みを示しているに過ぎず、この枠内で個々の教育目標を定めることは基本的に各ラントに委せられているのです（Dittmann, a.a.O., S. 60）。

ラントの立場からみると、教育というものがその重要な任務として意識されており、多くのラントにおいて、ラント憲法の中で教育目標についての定めのほか、かなり詳しい教育に関する規定が置かれています。たとえば、バーデン・ヴュルテンベルク憲法において、教育についての第一編第三章には、子どもたちの教育を受ける権利を定める一一条に始まって、一二ヵ条の規定が置かれています。その教育目標規定を見てみると、一二条において次のように定められています。「青少年は、神への畏敬、キリスト教的隣人愛、すべての人間の友愛と平和への愛情、国民と郷土への愛情、倫理的および政治的責任、職業的および社会的能力、および、自由で民主的な信条へと教育されなければならない」(Beck-Texte im dtv, Verfassungen der deutschen Bundesländer, 5.Aufl.1995, S.100. 邦訳は、西原、前掲書三〇三頁による)。この「神への畏敬」とか「キリスト教的隣人愛」とかは、信教の自由や政教分離の観点からはかなり問題になりそうでもありますが、この点は、「ナチズムの過去に訣別するために相対主義を批判してキリスト教的な観念に頼ろうとする……思想的傾向の影響」によるものであろうと説明されています(西原、前掲書二七四頁)。これに対して、より価値中立的な教育目標規定を定めている例は、プロテスタント地域としての特色を持つブレーメン憲法で、その二六条では、「あらゆる人間の尊厳に対する尊重、社会的正義への意思、および政治的責任に基づく、他者の意見に対する公正さと寛容さにつながる、他の人間や他国民との自由な共同作業を呼びかける、共同体的信条への教育」、あるいは「独立の思考、真実の尊重、真実を表明し、そのことを正しく必然的に認識されたものとして表明する勇気への教育」といった目標が掲げられています(Verfassungen der deutschen Bundesländer, a.a.O., S.283. 邦訳は西原、前掲書三〇三～四頁による)。

いずれにしても、あるべき教育の目標が、各ラントにおいて、しかも憲法規定の中で、ラント国民の自由に表明する意思によって定められるというシステムが採用されているということです。ここでは教育、あるいはもっと広くいって文化の多元性というものが認識されているわけで、そうした多元的社会に対して、教育制度というものが開かれた構造を持たなければならないことが意識されているわけです（横田守弘「国家の教育任務と『個人』」佐藤幸治先生還暦記念論集『現代立憲主義と司法権』〈青林書院・一九九九年〉五〇二頁以下において紹介されているガイスの見解を参照）。

おわりに――「閉じた学校社会」から子どもたちの学習権を解放するために――

以上、ドイツ基本法との関係で、かの地における国家の教育任務と親や子どもの権利、自由をめぐる状況をごく簡単に見てまいりました。そこでは、国家（具体的にはラント）の広範な教育権限を憲法上限界づけ、方向づけようとする努力がなされているといえるでしょうが、このような議論は、わが国の公教育のあり方を考えるうえでも、いくつかの重要な示唆を与えてくれるように思われます。

まず第一に、公教育のあり方を考えるうえで、憲法の理念や人権規定に立ち返った考察がなされなければならないこと。今日、教育における個性重視や画一化の排除が多くの識者によって説かれていますが、そこには憲法や教育基本法の理念から出発するという姿勢が見られるでしょうか。新たな時代の社会や経済が、独自のアイデアや創意に満ちた国家共同体の構成員を要請しているということは、それ自体そのとおりなのかもしれませんが、国家や社会のために、ということよりも、まずは憲法一三条の個人の尊重原理を基礎に置いたうえで、「教育を受ける権利」を実現する方策が探られなければならないはずです。特に、従来わが国においては、国の画一的な教育内容決定権を根拠づけるために、「児童・生徒における批判能力の欠如」ということが挙げられてきましたが、この点は、ドイツの議論において、教育が「批判と自己決定の能力を持つ人格へと成長する可能性を保持する」ように行われなければならないという指摘が、基本法二条一項の解釈からなされていることと合わせて読むとき、いま一度検討されるべきではないかと思われます。つまり、わが国の教科書検定制度や学習指導要領が、逆に生徒の批判能力をそぐ形で作用してはいないかが、批判的に検証されるべきではないでしょうか（蟻川、前掲論文一二一～三頁参照）。

また、わが国においては、親の教育権に関する憲法上の明示の規定がないことが、「子どもの良心形成に対する親の優越的な責任が法的に無視されることにつながってきた」との西原博史の指摘も重要です（以下、西原、前掲書三一〇頁以下参照）。「そのような状況の中で、『青少年の道徳的荒廃』が叫ばれ、『道徳教育の必要性』が主張された場合、この政治運動は即座にそうした政治的勢力がコントロールを及ぼしうる主体、すなわち学校による『道徳教育』を要求する」ことになるとの危惧は、最近の教育基本法改正の主張の意味するところを考えるうえでも見過ごすことのできない論点を含んでいるように思われます。西原は、このような観点から、親の教育権の根拠を、親権に関する民法の規定にではなく、憲法一三条、一九条に求める方向を示唆しています。すなわち、「親の教育権は、ドイツで意識されているように、受託的性格にもかかわらず、親自身の人格実現と不可分な関係にあり、特に子の良心形成に対する働きかけに関する領域では親の良心の自由と重なる」ということです。ただ、従来の国民教育権説における「子どもの教育を受ける権利に対応する親を中心とした国民全体の責務」という観点や、旭川学力テスト事件最高裁判決における親の教育の自由論との関係で、この点は憲法二六条の解釈も含めて検討する必要があると思われます。

第二に、多様性および多元性への配慮ということ。これは親や子どもの選択権と教育行政の分権化という二つのレヴェルで問題になります。

まず、親や子どもの多様な要求と個性に応じた多元的教育システムが準備されなければならないというドイツでの議論は、わが国においても妥当するものと思われます。この点に関して、わが国においても「教育の自由化」が主張されていますが、七〇年代の「教育の自由化」論は、一元的能力主義政策、競争と序列付けによって少数のエリートを早く確保する必要があるという観点からのものであったとの性格づけがなされていますし（「人権を軸にした21世紀公教育の創造を・堀尾輝久氏に聞く」季刊教育法一二二号〈一九九九年〉四頁）、今日の「教育の自由化」論が学校を市場メカニズムの中におき、教育の商品化につながるものであるとの指摘（参照、藤田英典『教育改革―共生時代の学校づくり―』〈岩波新書・一九九七年〉）をみるとき、改めて、憲法の理念から出発した「教育の自由」論の必要性を感じるところです。

なお、この点に関連して、今日では親や子どもの学校教育への参加論が主張されるようになってきています。しかし、この議論が、特に親の参加による集団的共同決定権という形をとる場合には、そこに一定の危険があることは意識しておかなければなりません（西原、前掲書二九九頁）。多数者の意思による少数者の教育の自由の侵害ということは、たとえそれが公権力によるものでなかったとしても、あってはならないことです。親の教育権を認めるドイツの議論においても、これが親の共同決定権を意味するものではないことが明確にされています（BVerfGE 47, 46 [76]；Dittmann, a.a.O., S.56）。むしろ、学校と親・子どもの二元的緊張関係を保持したうえで、民主主義的意義と権利保護的意義のバランスに配慮した参加手続のあり方が模索されるべきでしょう。

さらに、多様性・多元性の確保という点で、教育における地方分権がますます必要になってくると思われます。ドイツの議論においては、これはラントの権限という形で現われていますが、わが国の場合、むしろ基礎的自治体、すなわち市町村（の教育委員会）への分権化という方向で考え、地域社会や地方公共団体が、より積極的に教育の在り方にコミットしていくことが要求されることになるでしょう。この点で、昨年成立した地方分権一括法による教育関係法規をどう評価するかということも、（ここでは検討できませんが）重要な論点です（この問題については、小川正人「分権改革と地方教育行政」教育五〇巻一号〈二〇〇〇年〉六頁以下、および『教育改革と地方分権』日本教育法学会年報二八号〈有斐閣・一九九九年〉所収の論文参照）。さらに、これもここでは十分に検討できませんでしたが、私立学校設置の自由についても改めて検討の必要があるように思われます。

以上、「教育を受ける権利と義務教育」についてお話ししてまいりました。個人の尊重と多様性の確保の必要性ということでは、教育問題に関わる近年の多くの提言（たとえば、堤清二・橋本大三郎編『選択・責任・連帯の教育改革［完全版］』〈勁草書房・一九九九年〉）とあまり変わりばえのしないものかもしれませんが、今一度、憲法や教育基本法の理念や規定に立ち返って、公教育のあり方を考え直してみることが必要であることを強調しておくとともに、こうした作業が、今後どのような社会を作り上げていくのか私たちが決断する際にも、まずはなされなければならないということを述べて、結びの言葉とさせていただきます。

III　公民教育と現代社会

神原和宏

はじめに

　今回の取り上げます「公民教育」とは、通常は、現代の民主主義社会において、主体的に社会を形成する資質を有する公民（市民）を養成することを目的とする教育を意味します。安定的な自由で民主的な社会を形成・維持するためには、単に優れた制度（客観的条件）を整備するだけではなく、その主体の側にそれにふさわしい資質（主観的条件）が必要である、ということは常に指摘されることです。公民教育は、教育によってそうした主観的条件を生み出していく取り組みといえるでしょう。

　教育基本法はその第八条一項において、「良識ある公民たるに必要な政治的教養は、教育上これを尊重しなければならない」として公民育成のための政治教育の必要性について語っています。こうした政治教育の課題は、一応、中学校の社会科や高校学校の公民科の目的とされています。たとえば、高等学校学習指導要領には公民科の目標として次のように書かれています。「広い視野に立って、現代の社会についての理解を深めさせるとともに、人間としての在り方生き方についての自覚を育て、民主的、平和的な国家・社会の有為な形成者として必要な公民としての資質を養う。」

　ただし、こうした目標が実際の学校教育でどこまで達成されているのか、という点に関しては判断が分かれるところでしょう。これについては、教育の政治的中立性という要請から、政治教育が踏み込んだものとならず、単に政治的知識を与えるものに限定されてしまっており、政治的批判力や政治道徳の涵養という点で不徹底である、という現状認識が時に示されています。

さて私は、公民教育というものを、単に政治制度や組織についての知識を教えたりするだけでなく、もっと広く、人が他の人と共に生きていくために必要な知恵・規範・ルールを獲得するための教育という風に考えたいと思います。そうであれば、こうした公民教育という課題は、もちろんわれわれが優れた社会を形成することを目的とするものでありますが、同時に、子どもたちが学校や教室という、子どもたちにとっては公共的な空間で生活するためにも必要な教育であると考えることができるでしょう。そして後で述べますが、私は、こうした公民教育という課題が、子どもたちの「人格形成」に不可欠の要素として捉えられるのではないかと考えます。そうであれば、それを社会科や公民科という特定教科の目標として限定して理解するのではなく、学校教育全体からの広い視点から捉える必要があるのではないでしょうか。そして、その点との関連で「公民としての資質」がいかなる内実を持つのかを明らかにする必要があるでしょう。さらにこうした公民教育の視点が、現代における公共性について考える一つの手がかりになるのではないかと思います。

以上の様な問題意識に基づいて、公民教育について、その歴史的な議論と現代的な意義との両面で考えてみることにしましょう。

一　ルソーの公民教育論

それではまず、歴史的な問題として、ルソーを取り上げて、その有名な二つの主著『エミール』と『社会契約論』を手がかりにその公民教育論を見ていくことにします。近代以降の公民教育というものを考える上で、ルソーの議論は極めて重要な問題提起と意義を有していると思われるからです。

1 『エミール』における人間教育と公民教育

ルソーは『エミール』の最初の個所で、人間の教育と公民（市民）の教育を区別しています。「人間をつくるか、市民をつくるか、どちらかに決めなくてはならない。同時にこの両者をつくることはできないからだ」（今野一雄訳、岩波文庫、以下同じ）。そして、この「必然的に対立する二つの目的から、相反する二つの教育形態が出てくる。一つは一般的な公共教育、もうひとつは個別的な家庭教育である」。ここでルソーは、公共教育の例として、古代ギリシアのプラトンの『国家篇』の議論と、スパルタにおけるリュクルゴスの制度を挙げて、こう続けています。

「公共教育はもう存在しないし、存在することもできない。祖国のないところには、市民はありえないからだ。『祖国』と『市民』という二つのことばは近代語から抹殺されるべきだ」。

つまりここでルソーは、人間の教育＝個別的な家庭教育と市民の教育＝一般的な公共教育を区別した上で、前者の立場を出発点にする訳です。

この議論を理解するためには、まず市民（公民）の概念の歴史的な意味について予め理解しておく必要があるでしょう。市民の概念については、たとえば、佐伯啓思が『「市民」とは誰か』という本を書いて、いろいろと論じています。その中で佐伯は、日本で現在盛んに使われている「市民」という言葉に違和感を感じ、そこに日本社会の歪みを見ています。その議論自体には私は少し異論がありますが、とにかくそこでヨーロッパにおける伝統的な市民概念が紹介されています。それは思想史の常識ではありますが、かいつまんで言えば、市民とはギリシア・ポリスから共和政ローマを経て、中世の都市に至る都市国家の特別な身分であり、その都市国家の政治に主体的に参加する権利を含めた様々な特権を持つと同時に厳しい義務にも服し、とくに祖国の防衛に主体的に参加し、祖国のために死ぬことを厭わない人々をさします。そうした人々は個人の特殊な利害よりも公共性が優先するという市民意識を持ち、またそこでは勇気や名誉といった徳が賞賛されるということになります。こうした市民意識を持った徳のある市民による国家を理想とするという考え方を共和主義といい、ルネッサンス以降の近代政治思想の重要な潮流をなしています。

佐伯もルソーの市民概念を取り上げていますが、ルソーが市民という場合、こうした伝統的な観念の影響を受けていることは否定できないでしょう。最近のルソー研究ではこうしたルソーの共和主義的側面が注目されています。

ルソーの『エミール』は、教育という視点から人間の条件を探求した本です。ルソーは、人間には相対立した二つの生き方がある、と考えました。即ち、(狭義の)人間と市民です。この場合、人間という表現は分かりにくいので、個人といった方がいいかもしれません。ルソーによれば、個人とは自分自身の幸福を追求する自立した単位であるのに対して、市民とは個々の社会の構成員であり、その社会の最大の利益のために行動する義務がある存在です。両者は価値体系を全く異にします。ルソーは人類愛と祖国愛の区別を強調します。両者の分裂は克服不可能です。その原因として、ルソーは『社会契約論』では、キリスト教の影響を挙げています。

近代において古代的な都市国家が喪失し、市民の寄るべき基盤が失われました。そこで公民を作り出す教育が否定され、教育の目的は人間（個としての人間）の形成に置かれる、ということになります。その場合、国家による干渉は極力避けられ、家庭における教育が基本とされます。この様に学校教育を批判して、家庭教育を理想とするのはロックの教育論などでも見られる考え方で、当時の教育思想家の基本的立場です。近代の教育思想原理は、教育とは国家の事業ではなく、私的な事柄であるとするのです。

こうしてみると、ルソーの『エミール』は公教育否定の書であるとともに、公民教育否定の書とも読めます。確かにルソーは、現代社会において古典的な市民の成立基盤が揺らいでいたことを自覚していました。しかし、教育において道徳的徳や公共性などをまったく配慮する必要がないと考えていた訳ではもちろんありません。ルソーの人間は、孤立して自立した個人ではなく、やはり社会の中で他人との様々な関係の中で生きなければなりません。さらには国家の一員として、公民・国民として生きなければならないのです。したがって、よき市民とは何かということが、やはり問題となるわけです。

こうした点を『エミール』の議論でもう少し見ていこうと思います。『エミール』は全部で五編からなり、岩波文庫で上・中・下の三分冊になっています。そのうち上巻は、第一編から第三編までで、一歳から一五歳頃までの時期が扱われています。ルソーはそれを教育の第一段階と呼びますが、ここでは、人間はもっぱら肉体的能力が問題になります。そこでは消極教育というやり方によって、自立した健康な個人の育成が求められます。しかし、人間がある段階に到達すると、人間は他者との関係を学ぶ必要がでてきます。

この他者の問題は既に第三編でも扱われていますが、自覚的に問題になるのは、第四編以降です。実はこれ以降が『エミール』の三分の二をしめています。

第四編は一五歳以降の青年期を扱っています。この時期をルソーは「第二の誕生」と呼びます。「わたしたちは、いわば、二回この世に生まれてくる。一回目は存在するために、二回目は生きるために。はじめは人間に生まれ、つぎには男性か女性に生まれる」。

この時期には「目がいきいきしてきて、ほかの存在をながめ、わたしたちのまわりにいる人々に興味をもちはじめ、人間はひとりで生きるようにはつくられていないことを感じはじめる。こうして人間的な愛情にたいして心をひらかれ、愛着をもつことができるようになる」。

ここで、まず問題になっているのは、もちろん思春期の性の問題です。人間が他者を必要とする、一人では生きていけない、というのはそういう意味です。しかしそれだけでなく、ここではじめて道徳性という問題が出てきます。

「人間にふさわしい研究は自分のいろいろな関連を知ることだ。肉体的な存在としての自分だけしかみとめられないあいだは、事物との関連において自分を研究しなければならない。これは子どもの時代にすることだ。道徳的な存在として自分が感じられるようになったら、人間との関連において自分を研究しなければならない。これは今わたしたちが到達している地点からはじめて、一生かかってすることだ」。

つまり人間というものは、他者に興味・関心を持ち、自分と他者とを比較しながら、他者との関係を学ぶことではじめて道徳性を獲得し、真の意味での人間になることが可能となるのだとされます。

「かれの感受性が自分のことに限られているあいだには、かれの行動には道徳的なものはなにもない。感受性が自分の外へひろがっていくようになるとはじめて、かれはまず善悪の感情を、ついでその観念をもつことになり、それによってほんとうの人間になり、人類を構成する一員になる」。つまり人間は、他者との関係の中で善悪を学び、意識的に善を選ぶことによって人間の尊厳、真の人間性を獲得するわけです。

さらにこの第四編には、「サヴォアの助任司祭の信仰告白」という有名な文章が挿入されています。それはルソーの宗教観や世界観が窺われる、きわめて興味深い文章ですが、そこにおいてルソーは、人間の道徳的本能としての良心の存在を強調しています。「人間の心の底には正義と美徳の生得的な原理」があり、この原理をルソーは良心と呼ぶのです。この良心が存在するからこそ、人間は正義と美徳を志向することができるのです。この良心は人間に先天的に備わっているものです。しかしルソーによれば、その良心が人間において十全に働くためには理性による導きが必要となります。「善を愛するために良心を、善を知るために理性を、善を選ぶように自由」が人間には与えられているのです。

理性とは「情念に秩序と規則を与える能力」と定義されていますが、これによりわれわれの道徳的認識が可能となります。そしてそれは、人間に理解力が成熟し、社会のなかでの自分の地位を確認し、他者の精神的価値を承認し、他者の視点をとることができるようになることで発展します。理性は自己と他者との相互関係において発達するのです。こうした理性の導きによって自らの良心に耳を傾け、自らの価値感情を発展させ、自律的意志決定の力量をもち行為する人格の形成が、『エミール』の教育論の一つの実践的課題となるのです。

こうした他者との相互交流の中での人格の形成の課題は、次の第五編では市民形成という課題として現れてきます。この第五編では、二つの点が問題になります。一つは恋愛論。もう一つが国家の一員として、社会的義務に従う市民となる教育です。

つまり人間の義務を学んだエミールは、次に市民の義務を学ばなければならないのです。そのためにエミールは、諸外国を旅行して、各国の社会制度の原理を学ぶことになります。具体的中味の検討は省略しますが、その記述は『社会契約論』の記述とだいたい一致しています。

そして最後にルソーはこう述べています。

「自分の国になんのお蔭をこうむっていないようなよき人などどこにいよう。それがどんな国であろうと、人間にとってなにより大切なもの、その行動の道徳性と美徳にたいする愛を、かれはその国からうけているのだ。どこかの森の奥に生まれたとしていたら、かれはもっと幸福にもっと自由で暮らしていられたかもしれない。しかし、そこではなにものとも戦う必要を感じずに自分の傾向に従っていられるのだから、彼は善良な人ではあってもなんの功績ももたず、有徳な人にはなれなかったろう。ところが、いま彼は、自分の情念を克服して有徳な人になれるのだ」。

ここでの国(pays)は国家とは異なるものであるという指摘がなされていますが、いずれにしてもここで人格の形成にこうした共同的関係が重要であるということは言えるでしょう。こうしてルソーの『エミール』は、最初の議論とは異なり最後に公民教育の課題が出てきて、個人としてだけではなく、公民としての人間の在り方にも関心が向けられていると言うことができるでしょう。ただその議論を全体としてみると個としての人間が関心の中心となっていることは否めないでしょう。公民の問題はルソーの政治的著作において主な関心となります。

2 『社会契約論』における公民教育の問題

次に政治の問題を直接あつかった『社会契約論』を取り上げて、そこでの公民教育の課題について見てみることにします。しかし、ここでまず最初に指摘しておかなければならないことは、実は『社会契約論』においては教育の問題は直接には語られていないということです。ルソーによれば、この『社会契約論』という本は、『政治体制論』と彼が呼ぶところのもっと大きな本の一部として書かれたものです。ルソーは他の政治的著作（『政治経済論』や『ポーランド統治論』）のなかで教育の問題に言及していることから考えて、おそらくこの『政治体制論』においては教育論が含まれていたと推測されていますが、公刊された『社会契約論』では教育については触れられていません。しかし、私の考えでは、公民教育という課題は、『社会契約論』の全体系において、非常に重要な問題として出現してくる、と思われます。紙幅の都合もありますので、この点をかいつまんで説明したいと思います。

ルソーの『社会契約論』は、国家や法が正当化されるのはいかなる根拠によってであるのか、いかなる国家や法が正義にかない正当なものであるのかという原理的な問題と、そうした正当な国家や法が形成されるのはいかなる仕方であるのかという実践的な問題を課題としています。こうした課題に対してルソーは、周知の様に、社会契約による国家形成という解答を与えています。つまり、人々が集まって社会体を作り、各人の権利を全面的にその共同体に譲渡し、一般意志に服するという契約を相互にかわすというものです。その一般意志の表明が法であり、この法の支配に服することによって、人々は自由であると同時に秩序ある社会を形成することが可能になるとされます。

それでは、一般意志とは何か。ルソーはそれを特殊意志と区別しています。ここでルソーはまた人間と公民の区別を提示しています。人々は人間（個人）としては特殊意志を持ち、それは彼が公民として持っている一般意志に反する、あるいは異なる、とルソーは説明します。つまり人間は二種類の意志を持ちます。一方で、人間は自己の欲望のままに生き、自己の利益のみを求め、全体の幸福を考えない。こうした人間のあり方・方向性を、ルソーは特殊意志と呼びます。それに対して人間の中には、もう一つ、自己のこうした欲望をおさえ、自己と他者とにとって真に幸福で善い方向へと進もうとする意志も存在する。ルソーはこれを一般意志と呼びました。あらゆる人間はこうした意志を持つ。他人を省みず、自己の快楽のみを追求する意志は、政治体の運営原理とはなりえない。そうではなくて、こうした快楽をコントロールし、自己をより高め、公共全体の善へ向かう意志によって法を作り、政治を運営しなければならない、というのがルソーの主張となるのです。

ここで単純に考えても、二つの問題が生じるでしょう。まずは、本当にそうした一般意志が存在するのか、という問題です。そしてもう一つは、そうした一般意志がほんとうに存在するとして、その内容がどうすれば認識できるのか、またそれが政治体の運営原理となるのはどの様なやり方によってであるのか、という点です。

まず第一の問いです。この証明は『社会契約論』ではなされていません。私の考えでは、先ほどの『エミール』の「サヴォァの助任司祭の信仰告白」の中にその証明がなされていると思われます。その中で、ルソーは人間の中に良心が存在することを主張しています。この良心が一般意志である、と考えられます。それは正義感と呼んでもいいかもしれません。人間の中にそうした良心や正義感といったものが存在するという、この『エミール』の中で展開されている証明が成功しているのかどうかは、いろいろな考え方があるでしょうが、後で述べる現在の道徳性の発達理論などをみれば、おおむね承認できるのではないかと私は考えています。いずれにしてもここで『社会契約論』と『エミール』の議論を補完的に見る必要があるということが言えると思います。

しかしもうひとつの問題の方が、ずっと難問です。つまりその一般意志の認識の問題と、どうすれば一般意志によって政治を行うのかという実践の問題です。先に述べた様に、ルソーの『社会契約論』では、この実践的課題も重要な主題となっています。そしてこの問いに対して、理論上、ルソーが提出した解答は人民主権論ということになるでしょう。つまり人民全体の望むものが一般意志であるという訳です。こうした考えをさらに進めれば、民主主義的な手続きで選ばれた代表からなる議会の意志が一般意志であり、その表明が法であるということになります。しかしルソー自身の議論はそういう方向には進みませんでした。それはルソーが文明社会に生きる現実の人間に対して悲観的な評価をしていたからです。つまり特殊意志に曇らされた現実の人間が正しい判断を行う可能性に対する懐疑がルソーにはあるわけです。そこでそうした問題を解決するために、ルソーは立法者や公民（市民）宗教というしかけを作り出します。つまり「神のようなすぐれた知性を持つ」立法者が人民に法を与えたり、信仰という形で「社会契約や法を遵守する」ような公民意識を内面化しようとするのです。そしてそこでは語られていませんが、多分この政策論的な文脈の中で、教育の問題も重要なものとして出て来るでしょう。教育によって、公民意識を持った人民を作り出そうというわけです。実際に、ルソーの別の政治的著作である『政治経済論』や『ポーランド統治論』では、公民教育が重要な課題となっています。ただ、その教育の内容自体は「立法者」や「市民宗教」同様に現在のわれわれの目から見ると、違和感を覚えるものではありますが。

ここでルソーが提起している問題は、まず民主主義社会における主体の問題と理解することができるでしょう。最初に述べたように、安定的な自由で民主的な社会を形成・維持するために必要な主体の資質とはいかなるものであるのか、さらに社会はそうした主体をいかにして生み出していくのか、という問題は重要な実践的課題となるのです。実際、後に簡単に触れますが、フランス革命以降、国民国家がその存立を確実なものにするという政治的要請から、国民の育成や国民教育という課題が生まれてくるのです。

さらにわれわれは、ルソーの出した人間と公民の分裂という問題にも注意しなければならないでしょう。そこから、こうした公民教育が個としての人間形成にどの様に関係してくるのかという問いや、両者を統一した全体としての人間形成の可能性という問いが提起されるでしょう。したがってルソーがこうした問いに対して出したその結論は現在のわれわれにとって受け入れがたいものであったとしても、ルソーの提出した問題自体は、依然として現在のわれわれに対して向けられていると言うことができます。

それでは次に、ルソー以降の公民教育論の流れを簡単に整理しておきましょう。

二　公民教育をめぐる歴史的展開

1　フランス革命期の公教育案

まずルソー以後の公民教育論の議論として興味深いのは、フランス革命期の議論です。フランス革命期には、聖職者に取って代わる世俗の学校教育の確立が叫ばれ、共和派によって多くの教育改革プランが議会に提出されます。その中でもっとも有名なのは、ジロンド派系の数学者コンドルセによる教育論です。

コンドルセは、フランス革命がめざす、個人が自由平等に生きられる国家社会の実現は、知的に啓蒙された国民によってであるという立場から、教育を受ける権利を他の人間的権利を実現するもっとも基礎的な権利であるとし、そのことを保障するために政府は公教育制度を設置する責務を負う、とします。そしてその公教育論では、まずそうした教育が公権力・政治的権威から独立していなければならないとされ、さらに個人の良心の自由・内面の自由を守るために、個人の内面的価値形成にかかわる宗教教育やそれと連関する道徳教育などを排除して、教育の内容が世俗的な知育に限定される、と主張されます。

こうした自由主義的な教育案に対して、ジャコバン派のルペルティエなどはより徳育中心主義的な教育案を提示しています。それによれば、子どもは共和国の子であり、教育は共和国が主催し、その内容は、祖国への愛を中心とする訓育（道徳教育）にある、とするものです。彼の案は、古い習慣に染まった親の影響力を極力排除して、共和国の公民にふさわしい身体的・道徳的習慣を身につけるために、五歳から一二歳までのすべての子どもを国民学寮に収容し、共和主義的国民教育をほどこす、という徹底したものです。

この対立の背景に、ルソーの人間（個人）と公民の区別を見て取ることができます。革命期にはジロンド派的な自由主義とジャコバン主義が対立しました。ジャコバン主義は革命的な要素とともに、伝統的な側面も持ち、ルソーの公民（市民）概念に見られるような共和主義的伝統に立脚していると言えるでしょう。この両者の教育案は共に採用されることはありませんでしたが、徳育重視の立場を取るブキエの教育案が採択されます。それでは公教育が子どもから成人までに広げられ、特に革命祭典が公教育の体系に組み込まれることになります。革命の主導権を握ったジャコバン派は革命祭典を新しい共和主義的公民を作りだすための公教育の一環として捉え、それによって公民道徳を秩序づけようとしたのです。こうしたジャコバン派の文化革命は衰退して行きますが、カトリックの影響を排し、教育によって世俗国民国家の共和主義的な公民を育成するという課題は、その後のフランス史の重要なテーマとなっていきます。

2　近代国民国家形成と公民教育論

この様に近代における公民教育の成立は、フランス革命以降の近代国民国家の形成と軌を一にしています。それはその国民国家が、その正当性を確保するために、政治的にも文化的にも統合された単一の国民という観念を必要としたからです。そしてそのためにも国民形成を目的とした公民教育への要請が生まれるのです。

公民教育の展開で重要なのは一九世紀後半以降の福祉国家＝大衆国家の成立です。この時期の公民教育については、教育学者の堀尾輝久がいくつかの著作において詳しく論じています。それによれば、この福祉国家＝大衆国家は、社会政策、普通教育制度、国民教育制度などの政策によって、国民生活の広汎な領域に積極的に介入していきます。そしてそうした積極国家という国家観の下で教育の国家介入が理論づけられていきます。そこでは人間の権利としての教育の思想は退けられ、国民の義務としての教育が説かれるとともに、教育の機能も、その社会の習慣や信念体系を伝達することによって、その社会の成員として同質化（社会化）することに求められます。そして、国家への忠誠義務の涵養を任務とする公民教育や社会規範への順応と秩序への適応を中心とする道徳教育が教育の中心となります。つまりこの時代における公民教育は、支配階級による国民の統制のために、国家への忠誠心を持った国民の形成を目的としていた、ということです。

3　第二次大戦後の教育改革案

こうした公民教育のありかたに反省がなされるようになったのは、第二次世界大戦後です。たとえばフランスではファシズム勢力に対するレジスタンス運動を担っていた人々が、戦後まもなく「教育改革研究委員会」を結成し、一九四七年に「フランス教育改革のためのランジュヴァン＝ワロン計画」を発表しました。そこでは次の様に述べられています。

「あらゆる段階の教育において教育は生徒の中に将来の市民を見いだすのを忘れている。それは、経済的・社会的事実の客観的・科学的説明に対して、批判的精神の秩序だった育成に対して、また力と自由と責任感の活発な実地習得に対して、じゅうぶんな重要性を与えない。しかるに、このような青年の公民的育成は、民主主義国家の基礎的義務の一つであり、そして、その義務を果たすことこそは公教育の任務である」（中野光ほか編『教育思想史』からの引用）。

ここでは教育によって民主主義社会を維持し、進歩させるという課題が示されており、そのために現実の制度を絶対視するのではなく、批判的視点をもった主体の育成が求められています。そしてこうした立場が戦後の教育改革の基本動向となったと言うことができます。この「ランジュヴァン=ワロン計画」の数ヵ月前に出された日本の教育基本法（一九四七年）も同様の理念に基づくものでしょう。

三　人間教育と公民教育

以上の思想史的歴史的議論をうけて、次には現代の状況において公民教育をどう位置づけるのかを考えて行きたいと思います。

まず、教育全体における公民教育の位置付けについてです。

これについては、いま述べた教育基本法の議論から出発したいと思います。教育基本法はその前文において「われわれは、さきに、日本国憲法を確定し、民主的で文化的な国家を建設して、世界の平和と人類の福祉に貢献しようとする決意を示した。この理想の実現は、根本において教育の力にまつべきである」とし、「個人の尊厳を重んじ、真理と平和を希求する人間の育成を期す」と述べています。そして教育の目的について第一条では、「教育は、人格の完成をめざし、平和的な国家及び社会の形成者として、真理と正義を愛し、個人の価値をたっとび、勤労と責任を重んじ、自主的精神に充ちた心身ともに健康な国民の育成を期して行われなければならない」と書いています。

ここでは教育の目的として「人格の完成」と「平和的な国家及び社会の形成者として」の「国民の育成」という二つの教育目的が語られています。公民教育を教育全体のなかでどう位置づけるのかという問題を考えるためには、この二つの目的の関係をどう理解するのかという点の検討が必要になります。これはもちろん、前述の、ルソーの人間と公民の区別に結びついていますが、現在でも教育学者の間で様々な議論がある重要な問題です。

まずここでいう「人格の完成」ですが、これはもとの草案では「人間性の開発」という表現であったのを、成案段階で変更したもので、後者の表現の方がいいという意見もあります。それは前者（「人格の完成」）は、ある人間の在り方に関する固定的な理想像・最終的目標があり、その目標に向かって、人間を作り上げていくというイメージであるのに対して、後者はそうした人間が自らを陶冶していくべきある最終地点というものがあらかじめ設定されているのではなく、人間が自らの考えに基づいて、自由に自分が選び取った価値を実現させていく、というのびやかなイメージがあるからでしょうか。

さらにこうした立場から、（おそらく教育基本法を作った人達の考えとは異なると思いますが）より個人主義的自由主義的な見解に進むことも可能でしょう。つまり、教育とは、教える側が何らかの人生の目的・価値を与えるのではなくて、われわれが個人として、様々な生き方に対する欲求を持ち、その欲求を満足させるための手段を与えるもの、という立場です。われわれが生きている社会は、価値の多元性を前提として、個人による価値の選択が最大限尊重されなければならない、という個人主義・自由主義原理を基本にしていると言うことができるでしょう。そうした社会では、人間はまず個人として尊重され、個人の人格の陶冶・人間性の開発を第一に考えるべきだ、という主張です。

確かに、戦前の教育が国家に有用な人材の養成に偏っていたという反省から、教育は人間各個人の人間としての完成を目指すものである、という主張は歴史的な意義を持つと思われます。そこから国民の形成よりも普遍的な人格の形成こそが重要であるという立場には私自身共感を覚えます。

しかし先のルソーの議論でも確認した様に、われわれの自我・アイデンティティは社会関係の中で構成される、ということも注意しなければならないでしょう。

チャールズ・テイラーというカナダの哲学者は、人間の生の決定的特徴は、それが対話的本質を持つということである、と指摘しています。彼によれば、われわれは豊かな表現言語（通常の言葉だけでなく、芸術・しぐさ・愛など）を獲得することによってはじめて、完全な人間的主体となり、自らを理解するようになり、自らのアイデンティティを定義することができるようになるのです。われわれはこうした表現を自分一人で獲得することはできず、他者、特に「重要な他者」（たとえば、両親・教師・友達）との相互行為によって学ぶのです。その意味でテイラーは、人間精神の生成はモノロジカル（独白的）ではなくダイアロジカル（対話的）である、と述べています。

さらに、われわれがこうした対話を繰り広げながら人生における選択に意味と指針を与えるためには、安定的な文化的コンテクストを必要とする、という点も注意しなければならないでしょう。われわれは全くの無から価値判断を行うことはできず、ある文化的伝統の中で自らの生き方の選択をおこなっているのです。

そうであれば人格の陶冶というのは、社会関係の中で、ある文化的伝統の中で行われるものだと言えるでしょう。そういう意味では人格の完成と国民の形成という二つの課題を対立的にではなく、相互に補完的なものとして理解する必要があると思います。

もちろん、ここでの文化的伝統を国民国家という枠組みに限定すべきではないでしょう。現在特に欧米では、多文化主義といわれる考え方が展開され、注目されています。その多文化主義の主張には様々なバリエーションがありますが、単純化すれば、一つの国家における多様な文化的伝統の共存をめざす、という立場です。先の歴史的展開で述べたように、国民国家は国民という観念を文化的統合原理としてきたのですが、そうした国民国家の在り方自体が現在では問いなおされているのです。そうした点からも、われわれの生き方の基盤としての文化と国家との安易な同一視は避けなければならないでしょう。

またわれわれには、常に自らの属する文化に対する反省も必要となるでしょう。われわれは一方的に文化から影響を受けるだけの存在ではなく、それを主体的に批判し、変えていく存在でもあります。そうした相互的関係こそが対話的性格ということの意味なのです。

さていずれにしても、私は以上のような教育の目的と結びつけて現代の公民教育の役割を考えていきたいと思います。この点に関して、文部省の公民科の学習指導要領にも「社会の急激な変化に伴い、青少年の間に自我の形成の遅れ、社会的連帯感や責任意識の低下が見られる」という問題意識が示されています。つまりわれわれは様々な社会関係の中で、他者との交流をしながら自らの自我を形成し、他者との連帯を図り、公共性の意識を培っていかなければならないけれども、現代の子どもたちは、様々な事情からそうしたことが難しくなってきているということです。そこでこのような教育の必要性が出てくるのです。

はじめに述べた様に、私は公民教育を人が他者と共に生きていくための必要な知恵・規範・ルールを獲得するための教育だと考えています。そしてこうした課題に取り組むことが「真理と正義を愛し、個人の価値をたっとび、勤労と責任を重んじ、自主的精神に充ちた心身ともに健康な国民の育成」をはかり、ひいては人格の完成に向かうことを可能とするのではないでしょうか。

それではもう少し具体的中身について考えることにしましょう。

四　現代の公民教育のいくつかの課題

ここでは現代の日本の教育の現状を踏まえて、具体的に公民教育ということでどのような点に配慮する必要があるのか、ということについて私自身の意見を述べたいと思います。

1　他律から自律へ

まず第一に、これはよく言われていることですが、あらためて他律から自律へ、ということの重要性を強調しておきたいと思います。

子どもがいかにして道徳意識を獲得するのかという研究は、道徳意識の発達理論として発展してきましたが、そうした研究による知見が示していることは、道徳意識の獲得は他律の段階から自律の段階へと発展していく、ということです。

たとえば、スイスの著名な心理学者ジャン・ピアジェは、一九三二年に『児童の道徳判断』という本を出し、他律的な道徳観から自律的な道徳観への発達について論じています。ピアジェによれば、ルールのある遊びについて、年少児は既成のルールを年長児から受け取るのですが、彼はそれを「神聖で」、動かしがたい、超越的起源のものと受け取っています。そしてそのように決められているから、それに合わないことをするのはどんな事情でも悪であるというように、義務をそれが出された意図や状況とは無関係に、規則や命令そのものによって決まると考えます。ピアジェはこれを「道徳的レアリスム」と呼びます。つまり、ここでは義務やそれに付随する価値は、自己の意志からは独立して存在し、自己に対して外側から押し付けられる他律的なものと理解されているわけです。これに対して年長児は、ルールは仲間の者がみんなで決めたのだから、民主的な方法による一致があれば、ルールの修正ができると考えるわけです。そこには、前者の一方的尊重から、子どもたち相互間の協同による相互尊重にもとづく自律的な道徳観への発展が見られるということです。そして、道徳教育の課題は、こうした自律的道徳観を育て、発展させることに求められます。

こうしたピアジェなどの道徳性の発達理論は、認知発達理論と呼ばれますが、ピアジェの影響を受け、その立場を推し進めた著名な学者として、ローレンス・コールバーグという人がいます。彼の理論は、心理学の一分野に留まるのではなくて、たとえばロールズやハーバーマスといった著名な社会哲学者によって取り入れられ、批判されており、社会理論にまで至る広がりを持った理論として、注目されています。

コールバーグは、道徳意識に関して世界各地で同じ調査をすることによって、次のような「三レベル六段階」の道徳性の発展段階が普遍的に存在するのだと主張しました。

レベルⅠ　前慣習的レベル：行為によって生じた罰や報酬によって善悪を判断するレベル

〈第一段階〉罰と服従の志向（他律的道徳）：行為の結果の持つ人間的な意味や価値を無視し、行為の判断基準は罰の存否による。罰を受けないこと、権威者に無条件に服従することが正しいことだと考えられる。

〈第二段階〉道具的相対主義志向：自分自身や他者の利害関心や欲求を満足する行為が正しい行為だとする。正しいことは相対的であるとする。

レベルⅡ　慣習的レベル：家族や国家などの集団と自己を同一視し、集団の期待を担うことそれ自体が価値あることとみなすレベル

〈第三段階〉対人的な同調、あるいは「良い子」志向：他人を喜ばせたり助けたりする行為が正しい行為と見なされる。

〈第四段階〉「法と秩序」志向：規則を守り、権威への尊敬を示し、既存の社会秩序それ自体を維持することに価値を見出す。

レベルⅢ　自律的、原理化されたレベル：社会や他者にかかわりなく妥当性を持つものとして、道徳的価値や

道徳的原理が定義されるレベル

〈第五段階〉社会契約的な遵法志向：人々が様々な価値観や意見を持ち、価値や規則の相対性を認識しているが、それらの規則が、全体の幸福やすべての人々の権利を守るための社会契約的合意であるために守られるべきだとする。適正な形式的手続が整っていれば、法を改変する可能性も考慮される。

〈第六段階〉普遍的な倫理的原理への志向：自らが選択した倫理原則に従うことが正しく、特定の法や社会的合意はこの原理にもとづくものであるかぎり、妥当である。法がこの原理を犯した場合には、この原理に従って行為するのが正しい。その原理とは、公正という普遍的な原理である。すなわち人間の権利の相互性と平等、個々の人格としての人間存在の尊厳の尊重、という原理である。

こうした議論からわれわれは次のような点を指摘することができるでしょう。

まず第一に、道徳意識の発達において他律ということの意義を軽視することはできない、ということです。初期の段階において、いかなる行為が正しくて、いかなる行為が間違いであるのかを教えることは、道徳意識の発展に非常に重要なことでしょう。教育の役割の一つが、こうした社会的規範を子どもたちに身につけさせるという社会化にあることは否定できないでしょう。こうした過程を経てはじめて自律ということが出てくるのです。その意味では、他律なくして自律なし、と言うことができると思います。

しかし重要なことは、他律は自律へのステップと考えなければならない、ということです。目的はあくまで自律的な主体の形成ということであり、教育は最終的にはこうした目的に向けて行われるべきである、と思われます。

この点からみれば、日本の学校教育は、校則の問題に典型的に示される様に、他律に重きを置きすぎ、という印象があります。そこでは、子どもたちに法の主体としての意識を植え付けるのではなく、規律への一方的な服従のみが求められているかの様です。その結果われわれの社会では、ルールがないところで、自主的に相互的に合理的な規範を作り出していくことが不得意であり、反対に外的な強制の無い自由な領域では、放縦や無秩序がまかりとおるという事態も見られるのではないでしょうか。

先ほど、公民（市民）という言葉の歴史的な意味を見ましたが、公民という概念のもっとも重要な特性は、祖国を守るために命をささげる祖国愛・愛国心ということよりも、「自ら定立した法に従う」という自律ということにあります。公民教育の課題は、まさにこの自律した人間の形成ということに求めることができるでしょう。

こうした自律のための教育には、様々な試みがなされるべきでしょうが、先ほど言った対話・コミュニケーションという要素が重要であると思われます。ある問題・課題についての議論・討議をおこなうことを通して、様々な実践的論証能力（たとえば批判的検討・手続きの論証・論拠を挙げて正当な判断に到達するなどの能力）をみがき、相手をそうした討議能力を持った者として尊重し、相互の交渉の中で他者の視線を取り入れることで何らかの共通の善を新しく発見する、といった能力としての自律性を獲得する、ということです。こうした関係の中で自律性というものは発展して行くのだと考えられます。そのためには教育現場でディベートなどを導入するのもいいでしょう。

ただし、こうした自律性に関しては、コールバーグの発展段階論の第五段階と第六段階との違いにも注意する必要があると思います。そこでは普遍的倫理原則が優位し、自律はその原理への服従を求められています。つまりなんでも自分達で決められるわけではないのです。特に多数決原理には限界があり、多数決によって決められない事柄があるのだということを学ぶことは重要です。なぜならば、学校現場での生徒・学生の自主性を尊重しようとしてなされる様々な試みにおいて、時として先輩による後輩の支配、多数者による少数者の支配が行われる、という事態が見られるからです。

したがって、公民教育においては、こうした普遍的原理に対する配慮も必要だと思われます。つまりわれわれの社会がいかなる基本的価値によって構成されているのか、われわれの社会が他者との関係で尊重・配慮しなければならない価値とはどの様なものなのかということをできるだけ明確な形で伝えていくことが重要でしょう。それは次に述べる、人々の多様性をできるだけ尊重するという方向性にも関わってくると思われます。

2　多様性・多元性の問題

やや大雑把で、あまりこなれていない表現ですが、われわれは教育の場でできるだけ多様性を尊重しなければならない、ということを次に指摘しなければならないでしょう。

日本の社会はかなり均質的な社会である、ということはよく言われることであります。そして学校という場がその均質性をさらに増幅させているのではないでしょうか。特に欧米のような社会に少し住んで、そこで子どもを学校へ入れるような経験をすれば、そのことを強く感じます。校則などで子どもの服装・髪型などをできるだけ均一なものにしようとする熱意もそうですが、その他にも学用品などの学校指定の多さなどにもそれが窺われます。なぜ日本の学校は生徒に同じものを持たせたがるのでしょうか。そこではあたかも他者と異なることが悪いことであるかのようです。その背景には日本的な平等観があるのかもしれません。

しかしそうした熱意がかえって、自分とは価値観、考え方の異なる者への排除・差別を生み出し、日本の社会の活力を失わせることになるという危惧があります。異質なものとの交流、多様な文化的接触が社会のダイナミックで豊かな変化・発展を促すというのは、日本史や世界史の知識が教えてくれることであります。

私は、社会が均一化・同一化しようとすればするほど、その社会が活力を失っていくことを「同一性の罠」と呼んでいます。日本社会はこうした「同一性の罠」に陥っているのではないでしょうか。

個人のレベルにおいても、自分とは価値観の異なった他者との交流が、自我の形成や人格の発達に大きな役割をはたすと思われます。対話とはそういうことでしょう。異質なものを排除するのではなく、それとどう係わっていくのかを学ぶことは、公共性の感覚の発達にも大事なことです。

自分一人で社会が構成されているのではなく、自分とは異なった価値観を持った人が存在するという認識を持ち、他者の多様性を承認する。そして価値の多元性を前提として、多様な価値観を持つ人々がいかに共同の社会的枠組みを作っていくか、自分とはまったく異なるものといかにして共存していくか、そうした点を教育の場で考えていくこと。それも公民教育の課題となるでしょう。

3　法・正義教育をめぐって

最近では、学校教育の中で法的な知識を取り上げる必要性を指摘する声があります。たとえば、道徳の授業の中で、いくつかの法的ルールを取り上げて、考えさせるといった取り組みもなされている様です。また教育学者の村瀬学は、「いじめ」をめぐる論考の中で、自動車教習所で運転技術を教えるように、一〇歳から一三歳までの子どもに「法的な仕組み」を具体的に教える必要がある、という提言を行っています。「自分は『法』につながっているのだということ、腕力のない弱虫でも『法』の下では対等に戦えるのだということ、その基本的なイメージを少年たちにしっかり教えることは、これからの時代にはとても大事なことになってきているのではないか」。村瀬氏は、子ども自身が自分たちを「法の主体」としてイメージできることの必要性を強調しています。

確かに、社会にはこういう法律があり、われわれはそれに守られており、それを破ると罰せられる、という知識を子どもたちに与えることは大事なことでしょう。私自身、公民教育の一環として、子どもたちに規範意識を植え付け、法的感覚や正義感覚を涵養することは極めて重要だと考えています。ただその場合、どの様な内容を教えるかが問題となるでしょうし、先ほど述べた他律から自律へということへの配慮も必要となるでしょう。

その点を踏まえて以下、最後に法や正義の教育という点で、いくつか重要だと思われる事柄を述べておきます。

まず法的ルールの合理性の吟味です。ルールを絶対視することなく、なぜそうしたルールが必要であるか、あるいは本当に必要なものであるのかということの検討をする必要があります。そうした検討が、子どもたちに法の主体であるという意識を植え付けるきっかけになるでしょう。

次に、そうした合理性の根拠の一つになると思いますが、先ほどのコールバーグの議論で出てきた普遍的原理への注意も大事です。彼はそれを「人間の権利の相互性と平等、個々の人格としての人間存在の尊厳の尊重」として捉えていました。それは具体的には憲法の人権規定ということになるでしょう。われわれの社会はこうした憲法的価値に基づいて構成されているのであり、そうした価値に対しては最大限の尊重が払われるべきであること。そしてそうした普遍的ルールに反したルールは拘束力が否定されるのだ、ということはきちんと教える必要があるでしょう。

さらに子どもたちに法的な感覚を植え付けるためには、われわれの社会が複雑であることの認識を与えることが重要です。つまり一見したところ正しく見えるルールでも、場合によっては不都合な結果を引き起こすことがあること、あるいは別の重要な価値と対立することがあること、そしてそうした場合にはルールを修正しながら具体的な状況でどの様な解決が妥当であるのかを考えること、そうした点は法的思考と呼ばれるものの基礎的構成要素とされるものであり、そうした事柄を子どもたちに学ばせることは非常に大切でしょう。

またルールを考える上でさらに配慮しなければいけないこととして、手段と目的との関係が適切であること、というのがあります。行政法で言うところの比例原則というものです。瑣末な目的のために、厳格な手段を取ることを批判し、目的達成のための必要最小限の手段を求め、侵害利益と達成利益の均衡を要求するものです。こうした配慮は、法的ルールだけでなく、学校での校則などにも必要となるでしょう。

法的感覚や正義感覚を涵養するためには、もっと多くの点が考慮されなければいけないでしょうが、紙幅の関係でこれだけに限定させていただきます。議論が体系的網羅的でないことをご容赦願いたいと思います。公民教育の課題という点でも、以上の議論だけでは不充分であり、その他考慮すべき点や今後の課題は山積みですが、私のこうした話が子どもと公共性との関係を考える一つの契機となれば幸いです。

参考文献

佐伯啓思『「市民」とは誰か』PHP新書、一九九七年
堀尾輝久『現代教育の思想と構造』岩波書店、一九九二年
同『教育入門』岩波新書、一九八九年
谷川稔『十字架と三色旗』山川出版社、一九九七年
中野光・志村鏡一郎編『教育思想史』有斐閣新書、一九七八年
コールバーグ他『道徳性の発達段階』新曜社、一九九二年
村瀬学「いじめ」栗原彬編『差別の社会理論』弘文堂、一九九六年

Ⅳ　少年事件と被害者

梅崎進哉

はじめに

近年、「被害者の人権」に関する議論が昂揚しています。議論の発端は中学生の少年が犯した殺人事件（神戸事件）と、小学生だった少年がひき逃げされた事件（隼くん事件）だったようです。前者では、事件の内容自体がショッキングだったこともあり、被害者感情を考えれば、刑法や少年法の少年に関する規定を改正して、もっと厳しく少年犯罪に対処すべきなのではないかという議論が惹き起こされました。後者では、当初検察側は加害者の運転手を不起訴処分にしたのですが、少年の遺族が処分結果も知らされず、さらに、問い合わせに対しても「処分理由を教える義務はない」と回答されていたことが判明し、社会問題化するなかで、新たな目撃者が現れ、業務上過失致死での起訴が実現したことは記憶に新しいところです。ここでは主として、被害者の捜査・裁判情報を知る権利、訴追に関わる権利が問題とされました。

このように、被害者感情に基づく重罰化の要求と被害者の地位改善の要求が、ともに「被害者の権利」として主張されているところに、今回の議論の特徴があります。後に検討するように、この両者は密接にかかわっています。というのは、「感情」はその当人の置かれている境遇に応じて形成されるからです。そして、現在の刑事手続の中で被害者の置かれている境遇は、お世辞にも恵まれているとは言えないものです。その具体的内容は次章で検討しますが、実際、何らかの犯罪被害に遭い被害届を出し事情聴取を受けたとしても、その後、加害者の情報が知らされるわけでもないし、直接加害者に会って話そうとしても、身柄を拘束されていて面会することは困難だし、せいぜい判決時に裁判結果を知らされればいい方で、その後の刑罰あるいは保護処分の執行についてはまったく知らされない。いままでの犯罪被害者の一般的な状況はこのようなものだったといえるでしょう。被害者側からいえば、国家が自分の関知しないところで犯罪を処理しているという印象は避けられないところです。このような疎外された状況に置かれた人間が、加害者に対する怒りを鎮められず、より強い処罰を求めるようになるのは当然のなりゆきと言えるでしょう。しかしながら、ここには一つの矛盾があります。少なくとも、刑事手続で被害者を疎外しているのは、被告人ではないからです。したがって、この二つの問題、すなわち重罰化要求の問題と被害者の地位保証の問題を一括して「被害者の権利」として並列的に扱ってよいかは、なお検討の必要があるでしょう。

本稿では、このような観点から、以下、特に少年事件に配慮しながら、まず現代の法制度における被害者の地位を検討し、被害者感情の問題に論を進める形で、被害者問題を論じてみたいと思います。

一　伝統的法律学における被害者の地位

1　私法と公法の分離

従来の法律学の考え方から言えば、先にふれたような刑事手続における「被害者疎外」状況にも、それなりの理論的根拠がありました。近代以降の法律学における「私法と公法の分離」がそれです。たとえば私が誰かに故意で傷を負わせたとします。近代以降の法律学では、この場合、私は私法的責任と公法的責任という別の角度から二種類の責任を負うことになるのです。

民法に代表される私法は個人対個人の関係を規律する法だとされ、ここでは私は被害者に対する個人的関係で損害賠償責任を問われます（民法七〇九条）。被害者の治療費、労働できなかった期間の収入の補償などを請求され、主張が対立した場合には、裁判になって被害者・加害者の双方が直接に（場合によってはそれぞれが私的に依頼した弁護人をはさんで）主張をぶつけあうことになります。このような裁判は民事訴訟と呼ばれますが、ここでは、国家は裁判官という訴訟進行・判定役を提供するだけで、基本的には両当事者が自分の責任で自分の言い分を主張する完全な「主役」の地位にあるわけです。

さて、私がこの民事訴訟において裁判所に命じられた補償額を完済したとしても、私の責任のすべてが果たされたことにはなりません。公法的な責任が残ります。行政法や刑法に代表される公法は、国家対個人の関係を規律する法だとされ、右のケースでは刑事訴訟において、私の国家に対する責任として、刑事責任が問われます。国家は刑法二〇四条において、他人を傷つけることを禁じています（傷害罪）。私はこのような「国家の命令」に服従しなかったことについて、国家に対する責任を問われるのです。訴追するのが検察官という国家機関であり、刑罰としての罰金が被害者に給付されず国庫に納められるのもそのためです。

このように近代刑事法学は、刑事訴訟を国法を破ったものに対する国家的制裁の決定手続ととらえてきました。そのため、被害者は証人あるいは傍聴人として刑事手続に関与するだけの脇役の地位に置かれるのです。

2 刑事裁判における被害者の地位

ここで、現行刑事訴訟法における被害者に関する規定を見てみましょう。その規定の少なさに驚かされるはずです。ともかくも「被害者」という言葉が登場するのは、犯罪捜査段階での「告訴」に関する規定と、公判段階での被告人の「保釈制限」に関する規定の二箇所くらいしかない。しかも、どちらの規定も被害者に特段の権利を与えるものではないのです。

まず刑訴法二三〇条は「犯罪により害を被った者は、告訴をすることができる」として被害者の告訴権を認めています。けれども、犯罪と関係のない一般人にも「告発」の権利がありますし（二三九条）、親告罪（強姦罪などのように被害者の告訴がなければ刑事裁判にかけることができない特別な犯罪）以外では、告訴の有無に関係なく国家は被告人を裁くことができますから、この制度は被害者にとって格段の意味のあるものでもありません。むしろ、現実の犯罪認知（捜査機関が犯罪の存在を知ること）件数の八七・二％が告訴によっている（九三年統計）ことを考えれば、この制度は、もっぱら国家の側にとって重要なものとなっています。

また、刑訴法八九条五号では保釈制限に関し、「被害者」という言葉が出てきます（保釈取消に関する九六条四号も同様）。保釈とは、公判期日に出廷することを確約する意味で保釈金を納付することを条件として、身柄を拘束されている被告人を釈放することをいいます。裁判が始まると、被告人は弁護人と打ち合わせたり、可能であればアリバイ証人などの自分に有利な証拠を探したりするなど、自由な活動が必要になりますから、刑訴法八九条は、捜査段階では拘束されていた者でも、原則的にその身柄を解き放つようにしているのです。被害者という言葉は、この保釈を許可しない例外規定の一つに現れます。すなわち、被告人が「被害者その他事件の審理に必要な知識を有すると認められる者」に危害を加える怖れがある場合には保釈が認められないのです。この規定もまた、一見、被害者を格別に保護しているようですが、よく読むとそうでないことがわかります。被害者は、「事件の審理に必要な知識を持つ者」の一例として挙げられているに過ぎないからです。つまり被害者は有罪を証明するために必要な「証人」であり、国家にとって利用価値がある証拠であるからこそ、その価値を失わせないために保護されているのであって、「被害者」という地位ゆえに特別に守られているわけではないのです。

このように現在の刑事訴訟法では、被害者には単なる「証人」以上の地位は与えられていません。だから被害者は、証人という地位を利用して法廷にみずからの「思い」を伝えるしかないわけです。ところが、この証人という地位は、みずからの「思い」を訴えるにははなはだ窮屈な立場です。証人尋問は、検察官や弁護人の質問に対して証人が答える形式で進められます。だから証人は、相手が尋ねてくれない限り、自分の「思い」を語れません。質問を無視して一方的に自分の「思い」を語り始めれば、裁判官から「証人は聞かれたことにだけ答えてください」というお決まりの注意を受けることになります。他方、証人としての義務は厳しいものです。理由なしの出頭拒否や宣誓・証言の拒否に対する刑罰も用意されていますし(出頭について刑訴法一五一条、宣誓・証言については同一六一条)、虚偽の証言をすれば、ご存知の通り、偽証罪として罰せられます(刑法一六九条)。もちろん、これらは真実を追求し誤判を防ぐためにやむを得ない制度ではあるのですが、被害者の立場からいえば、利用するだけ利用されて何らの権利の保証もないという実感は拭いがたいでしょう。

最後に被害者に残される方法は、一市民として裁判を傍聴することです。しかし、傍聴人はもちろん法廷で発言することはできませんし、現実問題として、それぞれに多忙な日常生活を送っている市民にとって、毎回の法廷を傍聴することは不可能でしょう。こうして、被害者は、自分への加害を巡る刑事裁判でありながら、主役どころか、裁判の推移の情報すら満足に得られないまま、国家のために利用されるだけの疎外された立場に置かれていることがわかります。被害者にとって刑事裁判は自分の与り知らぬところで国家が犯罪を処理し機械的に刑罰を宣告している（もちろん刑の執行自体もそうです）ようにしか映らないし、また事実、そのようなものでしかないのです。そして、その理由は根本的には、先に述べたように刑事裁判を国家のための制裁確定手続と考えてきた法思想にあります。

3　少年事件の特殊性

加害者が少年であった場合には、被害者の疎外感は一層切実なものになります。右のような刑事手続の限界に、少年法の理念である「少年の健全な育成」という観点が加わり、加害者に関する情報が一層得難くなるからです。

ここで、少年犯罪に関する現在の手続を概観してみましょう。少年、すなわち二〇歳未満の未成年者の犯罪が原則として刑事訴訟法ではなく少年法に即して処理されることは広く知られていますが、この少年法は「少年の健全な育成を期し、非行のある少年に対して性格の矯正及び環境の調整に関する保護処分を行う」ことを理念としています（一条）。科刑手続ではなく保護・教育手続として少年事件を処理することを予定しているわけです。

さて、その具体的手続ですが、まず捜査方法に関しては少年法は特別な規定を置いていませんから、通常の成人と同様に、刑事訴訟法に従って行われます。ただし、警察の内部規則である「犯罪捜査規範」は「少年の健全な育成を期する精神をもってあた」ることを要求し（二〇三条）、これを踏まえて、「少年警察活動要綱」は、「秘密の保持に留意して、少年その他の関係者が秘密の漏れることに不安を抱かないように配意すること」（一〇条）、「少年の氏名若しくはその在学する学校名又はこれらを推知させるような事項は、新聞その他の報道機関に発表しない」こと（一三条）を定めています。少年の育成を考慮して社会的な汚名を貼り付けることのないように配慮しているわけです。もともと刑事訴訟法は捜査に関して上述の「告訴」以外の被害者に関する規定は置いておらず、従って、捜査機関も、公的には被害者を単なる証拠以上のものとして扱って来ませんでしたから（「被害者」が本当に被害者なのかは裁判が終わるまでわからないことを考えると無理もないことでもあるのですが）、捜査に関する情報を積極的に被害者に知らせることはほとんどなかったのですが、少年事件の場合には、右の規則が加わって、一層捜査機関の情報に関するガードが堅くなるわけです。

次に捜査終了後の手続です。これは少年の年齢によって異なってきます。まず、一四歳未満の少年は、そもそもはじめから刑法の対象にされていません（刑法四一条）。だから、少年法はこれを一四歳以上の「犯罪少年」と区別し、「触法少年」と呼んで、通常は審判に付さず児童福祉措置に委ねることにしています（少年法三条二項）。一四歳以上の犯罪少年になりますと家庭裁判所の審判に付されることになりますが、原則として「保護処分」のみ可能で刑罰は加えられません。もっとも、一四～一五歳の

「年少少年」は原則どおりに扱われますが、一六～一七歳の「中間少年」になると裁判官の判断で検察官に逆送し、正式の刑事裁判にかけて刑事処分をすることも可能になります（二〇条）。それでも、死刑・無期刑相当の犯罪について刑を緩和する規定がありますが（五一条）、一八～一九歳の「年長少年」になりますと、その緩和規定もなくなり、完全な大人並の扱いもできます。このように少年法は、少年の年齢に応じて、その手続を細かく使い分けているのです。同じく殺人容疑で検挙されながら、最終的には、神戸事件の少年は家裁で医療少年院送致という保護処分を受け（参考文献1参照）、女子高生コンクリート詰め事件の少年たちは地裁で懲役刑を宣告され（参考文献2参照）、永山事件の被告は死刑を宣告される（参考文献3参照）という違いが生じたのはこのためです。そして、この地裁への逆送――正式裁判になりますと、通常の刑事事件と同様、被害者の傍聴も可能です。

ただし、右のような地裁への逆送のケースはあくまで衝撃的な事件での例外であって、通常の家裁での審判は先に述べました少年法の理念に即して、非公開でおこなわれます（二二条二項）。そして、報道機関に対しても「氏名、年齢、職業、住居、容ぼう等によりその者が当該事件の本人であることを推知することができるような記事又は写真」の掲載禁止措置がとられます（六一条）。この点は、地裁に逆送された場合にも異なりません。一九歳の少年が犯した「堺通り魔殺人事件」を少年の顔写真つきで実名報道した出版社が民事判決で損害賠償を命じられたのは記憶に新しいところです（一九九九年六月九日大阪地裁判決。なお、この判決は校正中の二〇〇〇年二月二九日に大阪高裁によって逆転されてしまいました。「社会の関心が高い」というのがその主たる理由ですが、少年法の理念とは完全に矛盾するものだと思います）。

このように、家裁での少年審判手続では、少年の将来を考慮して極力情報が漏れないように配慮されています。捜査機関や裁判所に被害者への情報提供を義務づける法規定もなく、また被害者が傍聴などを通じて自力で裁判情報を得ることも不可能であり、被害者はせいぜい捜査活動を通じて顔見知りになった検察官などの個人的な善意に頼るしかなかったわけです。

二　国家による被害者の疎外

1　自力救済の矛盾

ここで、被害者が必要としているものは何なのかを考えてみましょう。言うまでもなく被害者はまず物理的経済的被害を回復しなければなりません。財産侵害を受けていればその補修をし、傷を負っていれば治療をし、一家の働き手を失った場合には、生計をたてること自体が切実な問題になります。この点に関し、現行法制度は、自力救済を原則としており（後述するように形ばかりの被害者救済制度はあるのですが）、被害者はみずから加害者と交渉し、場合によっては民事裁判で加害行為を立証して補償を勝ち取らなければなりません。かつてドイツのイェーリングという法学者は『権利のための闘争』という著書を残していますが、近代法には、みずからを護らないものには権利を保障しないという極めて冷酷な一面があるのです。そして、加害者が財産的にとても補償しきれない場合も少なくないし、それよりも、費用も時間もかかるややこしい民事裁判を敬遠して泣き寝入りしているというのがわが国の多くの被害者の実状でしょう。

けれども、これはおかしな話です。国家は「自分の命令に背いた」犯罪者を裁くために独自の刑事訴訟を展開します。被害者はその中で「証拠」として存分に利用されます。そしてその結果有罪が宣告されたということは、国家が被告人の加害行為の存在を認めたということでしょう。それなのに、被害者は損害賠償請求のために改めてみずからの手で被害を立証しなければならず、しかも、刑事手続で利用された証拠等は国家が独占してしまい利用することもできないのです。改めて考えてみれば、こんな不合理な話はない。これでは、被害者を国家のための道具視しているといわれてもしかたないでしょう。犯罪被害者の多くが「国は自分たちを利用するだけ利用するが、何も助けてはくれない」という感想を持つのも当然です。

2 精神的被害の克服困難性

また、被害者にとって必要なのは、物理的・経済的被害の回復だけではありません。被害者は犯罪によって例外なく精神的ダメージを受けており、そのダメージから立ち直らない限り、平穏な日常生活に復帰することはできません。むしろ、直ちに生活に困窮する重大な被害を受けた場合を除けば、こちらの問題の方が被害者にとってより切実な問題といえるでしょう。

それでは精神的ダメージからの回復のためには、何が必要なのでしょうか。被害者の生の声を聴いてみましょう（参考文献4一二六頁以下による）。「加害者が捕まったのは分かりましたが、その後どうなったのか、また取られたお金はどうなったのかなど知らされなかった。警察の方から連絡があると思っていたのに……」（強盗傷害事件の被害者）、「裁判などの進み具合も知らせてほしかった。結果だけではあまりにも悔しい」（殺人事件の被害者遺族）、「犯人の氏名・住所や処分結果、余罪の状況など、聞かれたら答えてほしい。なんでも捜査上の秘密では協力者はなくなると思う」（窃盗事件の被害者）など。被害者が裁判に関する情報を切実に求めていることがわかります。

なぜ被害者はこれほど切実に情報を求めるのでしょうか。それは犯罪によって受けた精神的ダメージの克服・回復に不可欠だからです。事件直後の被害者は、まず被害によって生じた新しい事態への対処に忙殺されます。それが一段落すると、こんどは、呆然とした放心状態がしばらく続きます。その後に訪れるのが、なぜ自分があのような目にあわねばならないのかという怒りでしょう。被害の程度にもよりますが、加害者の理不尽な行動の一つ一つが脳裏を去らず、悪夢にうなされることもあるでしょう。加害者への憎悪はピークに達するはずです。しかし、人を憎悪している精神状態はそれ自体、決して健全な状態ではなく、むしろ耐え難い苦痛を伴うものです。これを鎮めない限り、とても平穏な日常生活は送れないでしょう。被害者は加害者への憎悪を鎮め、心を整理して、みずからの被害体験を過去のものとするために、情報を渇望するのです。

しかしながら、従来の刑事手続は、ほとんど情報を被害者に提供しませんでした。せいぜい担当捜査官の個人的善意で「裁判結果」を知らされる程度だったわけです。もちろん、加害者に正当な制裁が加えられることは被害者の最大の関心事の一つですから、裁判結果は重要な情報に違いありません。けれども、たとえば「懲役三年」という裁判結果が知らされたとしても、それは、被害者の側からいえば、みずからの与り知らぬ中で行われた刑事裁判の結果報告に過ぎず、刑罰の執行もまた被害者の与り知らぬ中で行われることも考えると、リアルなイメージに結びつけようのないただの「通知」に過ぎません。人の感情というものは、リアルなイメージによらない限り、容易に動くものではなく、裁判結果の通知だけで被害者の心を癒すことは、困難だといわざるを得ません。

被害者に必要な情報は、事件の中で一体何が起こったか、どのようにすればそれを避け得たかなどの事件に関する情報、自分のとった行動の正当性（あるいは少なくとも加害者に比べて落ち度が少ないこと）の確認、そして、加害者の生い立ち、犯行前・犯行中の加害者の心情、現在の心境といった加害者情報など、多岐にわたります。つまり被害者は、事件担当裁判官並の情報量を必要としているのです。それがない限り、そもそも「懲役三年」という裁判結果が重いのか軽いのか判断の仕様がないでしょう。

情報の量だけではなく、質も問題です。国家のために利用される「一証拠」として不承不承に証言させられ、後は全く関与しない疎外された訴訟手続の結果通知では、それがどれほど詳細なものであっても、被害者の心を癒しうるリアルな情報とはなり難いでしょう。刑事裁判に主体的にかかわる中で、みずからの体験を通じて見聞きしたリアルな情報と、主体的に「克ち取った」刑罰こそ、被害者の精神的回復にとって不可欠の前提といえるでしょう。それが得られない限り、被害者は、加害者あるいは犯罪そのものへの怒りを鎮めようがないはずです。

3　国家による被害者疎外

このように被害者は、犯罪を認定し量刑を決断した裁判官に匹敵する主体性とリアリティーのある情報を必要としているのです。それがあってこそ「懲役三年」という裁判結果の意味も理解できるし、裁判官の決断が正しいものであったならば、当初は軽すぎると感じた被害者も、みずから時間をかけて事件を見つめ続ける中で、やがては納得し、加害者を赦すまでは行かずとも、少なくとも関心のない対象にして平穏な日常に復帰することができるはずです。これこそ「被害者の権利」の正確な内容でしょう。国家はそれを保証すべきなのです。

けれども、従来の刑事裁判制度は被害者が精神的ダメージを克服し回復するために必要なものをほとんど与えてきませんでした。というよりも、「国家のための訴追」である刑事裁判から被害者をしめだしてきた、というのが本当のところでしょう。これでは、被害者は加害者への怒りを鎮めようがないわけです。当然、加害者を憎悪しつづける苦痛に満ちた毎日が続き、それはより強い処罰欲求へとつながります。実際、被害者の多くは、加害者への刑罰を軽すぎると感じているようです。最近、このような状況を背景に、一部のマスコミが、特に少年法分野で刑事責任年齢を引き下げて大人並に重く処罰せよというキャンペーンを展開していることは冒頭にふれたところです。「野獣に人権はない」などと称して、被害者の報復感情を被告人の人権無視の理由にする極端な主張すらあります。「被害者の権利」と「犯罪者の権利」を対置させて、「被害者感情を癒すために犯罪者の権利を削れ」という論理です。しかしながら、これは、被害者の置かれている本当の苦境を理解していない転倒した議論というべきでしょう。

先に検討したように、本来、被害者は加害者を赦し事件を過去のものとしたいと思っている。思っているのですが、刑事裁判での主体性を奪い取られ、そのような心境になるために必要な情報に接することすらできない。そのために自分でもうんざりしながら加害者を憎み続けることで、かろうじて心の平衡を保っているのです。刑事裁判手続の中での地位が改善されて、被害者の疎外状況が克服されない限り、「懲役三年」という結果通知が「懲役五年」に増えようと、あるいは「死刑」にまでエスカレートしようと、そのようなリアリティーのないただの通知内容の変化は、被害者の精神的回復にとってたいした意味を持ちません。逆に、本当に主体的に訴追に関わりリアルな体験を通じて情報を得た被害者にとっては、重すぎる処罰は、当初は感情のおもむくままに歓迎したとしても、やがては罪の意識を呼び、新たな心の痛みを呼び起こすことになるでしょう。被害者にとって、制裁は重ければ重いほどよいというわけのものではなく、「被害者の権利」は「犯罪者の権利」と対立するものでもないのです。

三　国家による加害者の疎外

1　加害者に必要なもの

被害者に関して述べたことは、実は、ほとんどそのまま裏返しの形で、加害者についてもいえます。たとえば、最近、どんな無理な理屈をたててでも、何が何でも無罪を主張する質の悪い弁護人が見られなくもないのですが、加害者自身にとっても刑罰は軽ければ軽いほどよいというものではないでしょう。他のあらゆる社会的動物と同様、人間も本来は、同種個体への攻撃を抑制する本能がありま す（参考文献5五頁以下参照）。だから、犯罪行為の記憶は罪の意識として残ります。罪の意識は、被害者の加害者への憎悪と同様、精神的苦痛を伴うのです。そしてこの意識は、ふさわしい罰を受けることで和らげられます。皆さんも、子どもの頃、ちょうどサザエさんに出てくるカツオ君のように、お父さんの大切な盆栽などを壊してしまい、叱られるのを怖れて隠している間は何とも言えない心の痛みを感じ、発覚して叱られて却って晴れ晴れしたという体験を持っているはずです。それはおそらく、罰されることで、赦されて家族の一員に戻ることができたという安堵感でしょう。ドストエフスキーが有名な長編小説『罪と罰』において描き出したように、罰には本来このような加害者自身を救う働きがあるのです。

確かに、成人の犯罪者の中には、犯罪を繰り返す中で人格が固まってしまい、罪の意識をねじ伏せる技術を身につけてしまった者もないわけではありません。しかし人格が固まっていない可塑的な少年の場合は、罰されることで赦されるという体験は、自分が社会に受け容れられているという安堵感を産み、社会の中でより豊かに自分の人格を発展させていくための貴重な体験となるでしょう。だからこそ少年法は保護・教育という理念を掲げているのです。人格の固まった成人の場合、その人格をも尊重して、一定の定期刑を与えることでともかく形のうえで罪を償わせ、後は本人の自覚に任せるという刑罰手続をとるのとは違い、少年に対しては、定期刑の方式を採らず、罪の意識をみずから喚起する方向に積極的に働きかけ、自由の拘束を最小限にする代わりに、社会復帰後もどのように自分の罪を償っていくかに関して粘り強くケアし、アドバイスしていく。そうすることで少年は、社会に属している安堵感を得、豊かな人生を送ることができるからです。

2 少年犯罪と罪の意識

女子高生コンクリート詰め殺人事件といえば、マスコミの扇情的な報道の影響もあって、少年の犯した極悪非道の犯罪の例として記憶している方も少なくないでしょう。たしかに犯罪の内容そのものはそうかもしれません。けれども、刑事政策学の分野では、この事件は、すさみ、開き直り、ふてくされていた少年が裁判を通じて劇的に変わっていった、刑事裁判が最もうまく機能した例として知られています。たとえば主犯格の少年は、最後の被告人質問で「人間の命についてどう思うか」という問いに対して、泣きじゃくりながら次のように答えています。

「言葉では説明できないほど尊いものを、自分たちは動くおもちゃにして遊んでいて（オイルをかけ火をつけられて）熱がる姿を見て面白がって……そういう自分にむかつくというか、このまま、気が狂っちゃえばいいとか、自殺したいとか。しかし、この事件から逃げてしまうことだから、死ぬことも狂うこともできない。つらいけど、あの人が監禁されたつらさとは比較にもなりません。謝るといったって『ごめんなさい』とか『すいません』とかじゃ……」（参考文献2二六二頁以下）。

非行少年の多くは相手の痛みがわからないといわれます。正確には、相手も自分と同じように殴られれば痛いということが理屈の上でわかっていても、実感としてつかめていないのです。幼児期の社会的接触経験の不足などが要因として挙げられるようですが、要因はともかく、他者の痛みを実感としてわかる——他者も自分と同じように感じ、同じように生きているという実感を持つことは、社会的動物としての人間が社会の中で安堵して生きていくための大前提でしょう。それがない限り、社会は、自分を取り巻く「得体の知れない他者」の集まりにすぎない。おのずから社会は自分にとって気の許せない、敵対的な存在と映ります。しかも、社会的動物としての本能は、安堵して帰属できる社会を切実に求めますから、少年にとって、この状態は、いいようのない不安と焦燥に充ちた、耐え難い苦痛を伴うものでしょう。この不安と焦燥に駆り立てられ、刹那的な欲求の命ずるままに、自分にとって敵対的な（と映る）他者に対して、その痛みが実感できないまま歯止めのない攻撃を加えたというのが、多くの少年非行の実体であり、コンクリート詰め事件もそのひとつであったといえるでしょう。

けれどもコンクリート詰め事件の少年たちは刑事裁判を通じて他者の痛みがわかるようになった。それは、裁判手続全体を通じて、弁護人や検察官や裁判官などの訴訟関係者がそれぞれの立場から、少年にとって本当に好ましい事件の決着のつけかたを真剣に模索し、その真剣な援助に包まれて自分の行いを見つめるなかで、少年が「社会に属している実感」をつかんだからでしょう。「社会に属している実感」は、「他者が自分と同じように痛みを感じることの実感」と表裏一体のものですから、少年にとっては、自分たちがわけがわからないまま行ったことの「意味」、自分が与えた他者の痛みが、突如として鮮明に見通せたことになります。これは少年にとって衝撃的な認識であると同時に、すさまじい罪の意識を喚起するものでしょう。主犯格の少年の「狂ってしまいたい」とか「自殺したい」という言葉は、同情をかうための泣き言でも誇張でもない、あるがままの実感を吐露したものといえます。しかしながらそれを乗りこえてこそ、少年にとって本当に好ましい「社会への復帰」がありうるでしょう。

このように、少年法が理念として掲げる教育とは、実は、被害者の痛みを実感させ、罪の意識を喚起させ、更には、自分自身で償い方を考えさせて最終的には赦すことで、少年自身を、永く苦しめてきた疎外感から救い、罪の意識からも救うものであるはずなのです。「教育を受ける権利」ということでいえば、非行少年は、「被害者の痛みを理解する権利」、あるいは「罪の意識に目覚める権利」を持っているとさえいえるでしょう。そして、それを保証することこそ国家の役割であるはずです。

3　被害者の痛みを理解する加害者疎外

「被害者の痛みを理解する」ことが、いかに非行少年自身にとって、切実に必要なことであるかは理解頂けたと思います。したがって、少年手続にとって、被害者が重要な鍵を握る存在であることは当然といえるでしょう。前章でも述べたように、人の感情はリアルなイメージによらない限り容易には動きません。そして「被害者の痛み」もまた、ただのデータとして伝えられたのでは、実感としてつかめないのはいうまでもありません。

たとえば、中学生から五千円を恐喝した一八歳の少年の審判の付添（弁護）人を担当したある弁護士は、次のように体験を語っています。

「審判が終わって二ヵ月ぐらい経ってから、被害者の男の子から、中学生でしたからたどたどしいものでしたけれど『あの五〇〇〇円は実は金魚と金魚鉢を買うためのものだったんです。なんとか返ってこないでしょうか』という手紙がきたんです。やっぱり私は、そういう手紙を審判のときに少年に見せたかったなあと思いました。自分が被害を与えた人の顔が見えてくるわけですから」（参考文献6四七頁以下）。

恐喝をした少年にとって、ただの五千円という「金額」にすぎなかったものが、実は、自分よりずいぶん年下の男の子のいかにも少年らしいささやかな夢と結びついており、しかも、おそらくは少しずつお小遣いをためてようやく実現しようとしたその矢先に自分がそれを奪ってしまった。「被害者の痛み」とはこのようなリアルなイメージと結びつくことではじめて実感できるものでしょう。

ところが、先に論じたように、現代国家は「国家のための刑事裁判」という観点を前面に掲げ、被害者を刑事手続からしめだしてしまった。実際、原則通りの少年審判手続を見ても、逆送——刑事裁判手続を見ても、あるいは更に広げてその後の保護処分あるいは刑罰執行手続まで視野に入れても、その中には被害者の主体的な登場場面は全くありません。これでは、加害者にとっても、被害者の痛みをリアルに受け止めることは困難だと思うのです。だから、非行少年の教育も保護も、あるいは成人犯罪者の更生も、そもそも、その前提すら確保されていないといわざるをえません。つまり、近代国家は、被害者を刑事裁判・刑罰執行手続から疎外し、同時に、犯罪者の眼前から被害者の姿を消すことで、犯罪者をも疎外してしまった。現代の刑事裁判・刑罰執行手続には、被害者の利益も犯罪者の利益もなく、あるのはただ自己の命令の実効性を担保する国家の利益だけという、人間の顔を失った寒々とした手続になっているように思われます。

四　刑事裁判における人間疎外の克服にむけて

1　国家刑罰権の確立と犯罪被害者疎外の歴史

人類の歴史は二百万年といわれますが、犯罪を裁く裁判において国家が主導権を握り、被害者が疎外されるようになったのは、ここ四・五百年のことです。たとえば、中世ヨーロッパでも、裁判は被害者自身の訴追による民衆裁判の形式を採っていましたし、処罰も復讐（フェーデといいます）を中心とした被害者自身によるものでした。何よりも、刑法自体が、慣習法に依っていましたから、何が犯罪になるかを決めるのは国家ではなく先祖伝来の慣習であり、したがって、国家目的に即した刑法運営などはじめから不可能な構造になっていたともいえます。

この状況が急速に変わっていくのは、勢力を拡大してきた国王を中心に「国家権力」が形成されてくる近世絶対主義（一六～一八世紀）の時期です。そこでは、何が犯罪になるかを国家が制定法によって決する制定法主義が導入され、処罰対象も国家の政策目的に即して変わってきました。たとえばドイツのバイエルンでは身分の低い男女が鍵のかかる部屋に同席することが刑罰を以て禁止されました。無産階級同士の性的結合が無産階級の人口増加を産み富国政策に反すると考えられたからです。このように、国家が政策目的から新たな犯罪を創り出し、国家目的のために刑罰を利用する状況がつくられた訳です。

国家訴追による刑事裁判は、このような国家目的に即した刑法運用を側面から支えるものとして誕生したともいえます。右のような「国家の創り出した犯罪」では、「被害者」が存在せず、官吏によって取締まるしかないからです。刑罰のありようもまた大きく変わりました。たとえば、現在の懲役刑の原型である強制収容の制度はこの時期に生まれましたが、それは放浪行為が犯罪化されたことと結びついています。国王は浮浪者を強制収容することで都市の浄化をはかったのです。こうして、立法・司法（裁判）・行政（刑罰執行）全体が、刑罰を国家目的に即して運営していく現在のスタイルの原型がつくられたわけです（参考文献7三五頁以下参照）。

市民革命は、国王権力を倒しましたが、「国家のための刑法」という基本路線が変えられることはありませんでした。むしろその後の帝国主義の時代に、政策目的の刑事立法は増加の一途をたどり、国家のための刑事裁判も一層理論化されていきました。ナチス・ドイツの刑法理論はその究極形態といえます。たとえば、シャフシュタインという刑法学者は「刑法は国家の権威のシンボルであり、刑罰は国家の権威の回復・高揚の手段である」といっています。何だか、暴力団の親分が子分に「おとしまえ」をつけさせる理屈のようですが、このような思想を背景に、有名な「人種政策」が展開されました。たとえば、ユダヤ人とドイツ人が結婚すると「人種侮辱罪」となり最高刑として死刑が用意されていました。このような「犯罪」を裁く刑事裁判は、被害者など一切関係なく、はじめから国家のための国家による訴追を予定したものとならざるをえなかったわけです。

戦後、ナチスの思想は批判されましたが、国家のための刑法という点では、法律学に根底的な変化はありませんでした。現在のわが国の刑法学の中心的勢力は、法を社会統制の手段とみなす社会統制理論という考え方ですが、そこでは、統制する側の国家あるいは官僚と、統制される側の市民とが分断されていることになります。そして、刑法は統制する側が統制される側を有効に支配するための手段となるわけですから、「国家のための刑事裁判」という基本思想は、形を変えて引き継がれているといえるでしょう。このような状況の中で、前章で検討したような人間疎外状況が作られてきたのです。

2　国家刑罰権の根拠

しかしながら、刑事法による人間疎外を打開するためには、近代刑法思想を支配してきた「国家のための刑法」という考え方を根本から見直す必要があります。むしろ、国家や法は私たち人間が共生するために創り出された装置であり、それ自体として自己目的的に存在するものではないことを確認するべきでしょう。したがって、人間の共生を阻害する行為のみが犯罪たりうるのであって、国家が政策目的に即して任意に設定できるようなものではないはずです。現在でも、行政目的から作られた膨大な種類の「行政犯」がありますが、そのような共生阻害性のない行為は犯罪のカタログからはずしていくべきです。同時に、刑事裁判もまた、国家のためのものではなく、どこまでも、人間が共生していくために存在するのだということを想起すべきです。

このような観点からいえば、刑事裁判—刑罰執行と続く手続は、全体として、犯罪行為によって傷つけられた共生社会の癒し—社会的平和の回復のための儀式として位置づけられるでしょう。それは、被害者の物心両面での傷を癒し、その周辺の社会（家族や友人や職場）の傷を癒し、そして犯罪者自身をも疎外感や罪悪感から救うために、できごとにふさわしい償いの仕方を考え、実行する、そういう手続でなければなりません。被害者、その周辺社会、そして加害者というすべての関係者にとって利益であるような解決方法をみんなで模索する、そんな場を国家は提供すべきなのです。

念のために付言しておきますが、ここでいう「利益」とは、個人的恣意に基づく欲求充足のことではありません。恣意に基づいて論じるならば、被害者にとっては刑罰は重ければ重いほどよいことになり、加害者にとっては軽ければ軽いほどよいことになる。そして、法廷は検察―弁護人間の値引き交渉の場になってしまいます。しかも、はじめから止揚不能な利害対立が前提となっているわけですから、国家はどちらか一方に全面的に加担するしかなく、共生保障装置という存在根拠からも遊離することになります。けれども、これは、人間は結局は分かり合えないのだという人間不信論に根ざす発想であり、前章で検討した社会不適応の非行少年とさして異ならない次元でのものの見方のように思われます。本稿で検討してきたように、人間は、赦すことで自ら救われ、罰されることで救われるという本性を持っています。その調和点を探る手助けをするのが国家の役割でしょう。

3 被害者問題の解決にむけて

最後に、以上のような前提から、被害者問題を解決する方向を模索してみましょう。

まず、被害補償問題です。現在の民事訴訟・刑事訴訟の二本立ての制度は、明らかに「国家のための刑事手続」という思想の遺物であり、効率的でもないので、改善されるべきです。現に、たとえばオランダでは、裁判所が弁償額より一五％高い罰金刑を言い渡し、弁償がなされれば罰金刑を停止するという被害弁済命令の制度を実現しています。刑事裁判と民事裁判を融合させようという構想を模索している国もあります（参考文献４一〇六頁参照）。更に、犯罪被害について国家は加害者とは別個の立場から補償をする義務はないのか、という問題があります。現在のわが国の犯罪被害者等給付金支給法は、あくまでも加害者が補償できないときにこれに代わって給付するという立場に立っています。そのため、加害者から損害賠償を受けたときには、その額に応じて支給金が削られるし、逆に、給付金の支給を受けたときには被害者の損害賠償請求権を国が取得することになっています(八条)。つまり、被害について国家には一切責任がないが、気の毒なので肩代わりするという立場を貫いているわけです。しかし国家は共生保障装置であるという前提からいえば、これは納得のいかない話です。共生を保障するために様々な権限を与えられている国家が侵害を防止しえなかったわけですから、国家は被害者に対して、加害者とは別個の責任を負うはずです。更に、このことも踏まえて考えれば、上限一〇〇〇万円という支給額の低さにも問題があります。イギリスなどでは一億円が支給されるのです。また、被害者に必要なのは金銭的補償だけではありません。むしろ精神的ケアが必要な場合の方が多いのです。被害者等給付金支給法は大幅に改正される必要があるでしょう。

より本質的な問題として、被害者の手続参加の問題があります。「社会的平和回復儀式」から被害者が疎外されている現状が不当であることは繰り返すまでもありません。裁判—執行の全過程に被害者を主体的にかかわらせるのが理想でしょうが、一気にそのような大改革は無理でしょうから、さしあたり、いくつかのポイントだけを挙げるならば、①国家に対する誠実な捜査・裁判要求権、②捜査・裁判の進捗状況の情報を受ける権利、③法廷での陳述権などの保障・強化、更には、④謝罪を受ける権利が考えられます。

①は現在の検察審査会制度を見直すことである程度実現可能でしょう。②については、既にいくつ

かの改正の動きも見られます。まず九九年四月に法務省は、少年事件を含む全事件を対象に、起訴、不起訴などの処理結果、裁判期日、判決内容などを検察官が被害者や親族らに通知する被害者等通知制度を発足させました。六月には、犯罪捜査規範が改正され、取り調べにあたる警察官に「被害者とその親族の心情を理解し、その人格を尊重」すること、「被害者の事情聴取にふさわしい場所を利用し、できる限り不安と迷惑をかけない措置を講じる」ことを義務づけ、「刑事手続の概要を説明すると同時に、捜査の経過と被害者の救済、不安の解消に役立つと認められる事項を通知」する通知制度も作られました。③に関しては、九九年七月一六日の記者会見で法務大臣が被害者の法廷陳述権を含む法改正の方向を示唆しており、日弁連でも被害者基本法草案を作る動きがあります。④謝罪を受ける権利に関しては、難しい問題もあります。犯行直後の加害者は、すさんだ精神状態にあり、被害者側の怒りもピークに達しているはずですから、両者を早期に引き合わせることは却ってマイナスといわざるをえないでしょう。ただ、視野を刑事裁判手続に限定せず、その後の刑罰執行・保護処分手続にまで広げれば、たとえば、被害者への真摯な謝罪を仮釈放の条件とするなどの方策は可能です。特に少年の場合、教育が理念であるわけですから、被害者に真摯に謝罪する気持を持たせることは、保護手続の最大の目標の一つであることを考えるべきです。

最後に、これらの動きに対する懸念も表明されていることに触れておかねばなりません。被害者を手続に加えることで、刑事手続自体が被害者感情に流され、事実認定が甘くなって誤判の危険が生じたり、重罰化の危険があるという懸念です。手続の中での被害者の疎外感がより重い処罰への欲求となって現れていく構造は既に示したとおりです。したがって、これらの改革が、「被害者の疎外」という問題の根を掘り起こすものにならない限り、これらの危惧は現実のものとなるでしょう。結局、「国家のための刑法」という根本思想が改められない限り、小手先の改革で被害者を形だけ刑事裁判に介入させても、「有罪を、そして、より重い刑罰を勝ち取る」という国家の利益のために被害者がより巧妙な形で利用されることになりかねません。制度は人が動かすものである以上、私たち一人一人が、「私たちのための刑事裁判」という意識を持ち、個人的恣意ではなく「共生社会に生じた傷の治癒」という観点から関係者全員にとってもっともよい解決の仕方を模索する方向に刑事裁判・科刑手続を改めていくことでしか、刑事裁判による人間疎外は克服されえないと思うのです。

参考文献

1 野口善國『それでも少年を罰しますか』(共同通信社)
2 佐瀬稔『うちの子がなぜ!』(草思社)
3 大谷恭子『死刑事件弁護人』(悠々社)
4 諸澤英道編『現代のエスプリ三三六号犯罪被害者』(至文堂)
5 梅﨑進哉・宗岡嗣郎『刑法学原論』(成文堂)
6 後藤弘子編『少年犯罪と少年法』(明石書房)
7 梅﨑進哉「侵害原理の論理構造——魔女狩りと侵害原理」『市民社会と刑事法の交錯(横山晃一郎先生追悼論文集)』(成文堂)所収

Ⅴ　子どもをめぐる倫理と法

——少年処遇の現実とのかかわりで——

宗岡嗣郎

一　倫理とは何か

1　倫理の本質

「倫理」という言葉があります。一般に、この言葉によって、どのようなことが理解されているでしょうか。もちろん、そこには、人さまざまな「想い」が込められており、さまざまな理解があります。しかし、小さな相違点を捨象して概括的にみれば、何らか「主観的なもの」として捉えられている。そういえるのではないでしょうか。「思いやり」や「こころの美しさ」といったものが「倫理」という言葉にともなって連想される。それが一般的でしょう。このことは学問の世界でも承認されています。たとえば、法学概論といった、法学の基本的な入門書などを読みますと、法と倫理は違うということがよく書かれています。「法」というのは、「倫理」のように主観的なものではなく、客観的なものである——こういう説明の仕方がもっともポピュラーなものでしょう。そうしますと、わが国では、日常的にも学問的にも、倫理は主観的なものだと考えられているようです。

このような倫理の捉え方は「心情倫理学」あるいは「情緒倫理学」などと呼ばれています。カントの倫理学などはその典型でしょう。アプローチこそ異なりますが、実証主義あるいは論理実証主義の倫理学も同様です。アルフレッド・エイヤーなどは後者の代表者です。しかし、本当に、倫理はこういった主観的な「心情」でしかないのでしょうか。このことはあらためて考え直してみる必要があります。というのは、もし倫理がそういうものであるのならば、時代を超え民族を超え文明の程度を問わずに、どうして倫理に共通の内容があるのかということを説明できないからです。たとえば、人を傷つけてはならないとか、人のモノを盗んではならないといった規範は、それこそあらゆる時代において、あらゆる民族において妥当していたし、今でもなお妥当しています。それは何故でしょうか。今は詳らかなことを棚上げしますが、一言でいえば、人間の社会的共生を保障する法則という共通の内容をもって「妥当」しているのです（詳しくは、梅崎進哉・宗岡嗣郎『刑法学原論』成文堂を参照）。

もちろん、個別的にひとつひとつの倫理の現象形態をみれば、「姥捨て」とか「間引き」といった倫理的な慣習もありました。それらは老父母の遺棄や嬰児の殺害を命じるものです。一見したところ、あきらかに、「共生」ということに反します。しかし、ここでも、人間の社会的共生の保障という倫理の本質と無関係ではありません。むしろ、それと密接なかかわりを認めることができます。人間は、常に現実的具体的な生活関係の中で共生しているので、苛酷な環境のもとで、苛酷な慣習が形成されるということは充分にありうるわけです。生産力が乏しかった時代、現実的な村落共同体の共生を保障するために、こういう形で最小限の分配を保障しようとしたのです。このようにみれば、倫理とは、特定の時と所に実在する具体的な共生関係をどう保障するのかという切実な現実に根を降ろしていることが了解されるでしょう。倫理は、けっして、単なる主観的あるいは情緒的な「こころの問題」といったものではありません。

2　倫理法則の認識

倫理は客観的な存在性格をもっている――まず最初に、このことをはっきりさせておく必要があります。そのことを確認した後に、はじめて、倫理の主観的な側面すなわち「倫理意識」の問題が考察の対象となります。客観的に存在する倫理法則の認識が可能になると言い換えてもよいでしょう。ここでは、人間の認識に固有の問題、つまり認識の正しさをどう保障するのかという問題がかかわってきます。あたりまえのことなのですが、人間の認識は常に可謬的なのです。先の「姥捨て」や「間引き」がそうです。倫理法則が客観的な共生の法則だとするならば、どれほど切実な理由があったとしても、人を殺すことによって成り立つ「共生」というのは完全な形容矛盾だというべきです。「共生」であるならば、個人の生存の維持は絶対の前提でしょう。だから、「姥捨て」や「間引き」の場合、倫理ではないものを倫理だと意識していたということになります。しかし、歴史を振り返れば、このようなことはいくらでもある。人間は、生命という絶対的な価値を洞見しながらも、時に「民族」「国家」といったものを「生命」以上の価値として位置づけてきました。イデオローギッシュな倫理観を振りかざすという誤りはつい最近までくり返されてきたのです。私たちは、このような経験から、倫理意識や倫理観といったものを強調する情緒主義あるいはモラリズムの危険性を充分に酌み取らなければなりません。

「倫理」と「倫理観」ははっきりと区別すべきだということです。たとえば、わが国でも「大東亜共栄」であるとか「八紘一宇」といったイデオローギッシュな世界観から、国家や国体護持のために死ぬことがあるべき国民のあり方だといわれた時代がありました。普通なら、「お国のために」などといわれれば、蒼くなって尻込みし逃げだし隠れたいという「気分」にとらわれるでしょう。この「気分(die Stimmung)」こそ、個人の生命の絶対的な価値を洞見し、イデオロギーによって隠蔽された戦争の倫理的な「悪」つまり「反価値性」をあますところなく開示するものとして、人間存在の内奥からあらわれ律動してくる（stimmen）ものなのです。「気分」というのはマルチン・ハイデッガーの言葉ですが、よりわかりやすくいえば、自らの「実存」をよりよく充足させて「生き」ようと傾く人間の本性的な「あり方」に即し適合した認識のことです（ヨハネス・メスナー）。「倫理」はこのような認識によって捉えられるのですが、メスナーによれば、それは同時に理論的反省的な認識の対象でもあるとされます。実は、私たち法律家にとって、ここがメスナーの「自然法倫理学」の魅力的なところです。彼の大著『自然法』（水波朗・栗城壽夫・野尻敏武訳―創文社）を読めばわかりますが、彼は実践的な倫理的価値の洞見と理論的な事実の認識とを相互に切り離さない。だから、倫理的な合価値性や反価値性も、結局のところ事実命題によって記述できる。そういうことになります。少し専門的になりますが、古くはヒュームによって、新しくはムーアによって示された「自然主義ファラシー」という心情倫理学の基盤ははじめから乗り越えられているのです（詳しくは、宗岡『法と実存』成文堂を参照）。

私が倫理を共生の法則だというのは、基本的に、こういう考え方に学んでのことなのです。こういう枠組によって、倫理は、人間が現実にどう共生しているのかという具体的な事実問題として考察の対象となり、事実において、共生に対する侵害の有無を冷静に吟味する途が拓かれるのです。つまり、ある行動が倫理的（あるいは法的）な価値判断の対象となるとき、それが倫理的（あるいは法的）な価値を侵害しているのか保全しているのかにつき、情緒的なイデオロギーにまどわされることなく、事実に基づいた判断が可能になります。当然、倫理的（あるいは法的）な価値そのものも、個人的な「実存」と社会的な「共生」という厳然とした「事実」との関連でありうるということが前提となってきます。倫理の領域であれ法の領域であれ、およそ、価値と存在は互換的だということなのです。このことが倫理や法を考える際の出発点になります。それを確認した上で、具体的に、「子どもをめぐる倫理」について考えていきましょう。

二　「子ども」――保護されるべき存在者

1　「子ども」のあり方

倫理がこのような客観的なものであるとすれば、「子どものための倫理」を考察する場合、「子どもはこうあるべきだ」と頭から決めつけるイデオローギッシュな発想をきびしく排除していかなければなりません。ここでも、家族や学校や地域といった「子ども」を含む共同体において、現実に子どもがどのような「あり方」で共生しているのかという経験的な事実こそが大きなポイントとなります。そして、この点では、少なくとも現代社会において、子どもは共同体によって保護されたものとして「ある」という事実に注目しなければなりません。

もっとも、保護といっても、その内容は具体的な状況においてさまざまです。乳児や幼児に対する保護のあり方と少年あるいは青年に対する保護のあり方とは本質的に異なるでしょう。保護の内容は、前者では、まず生物学的な生存の確保に向けられているでしょうし、後者では、主として文化的な教育へと向けられていきます。また、子どもがおかれている共同体の性格によっても、保護の内容は大きく変わるでしょう。同じ子どもを対象としても、家族生活における保護と学校生活における保護とでは、まったく異なった内容をもっています。しかし、いずれの場合であっても、子どもが保護されるべき存在者だと位置づけられていることに変わりはありません。存在と価値は互換的だという私たちの考え方からみれば、共同体にとって、「子ども」という「存在」そのものが保護すべき「価値」なのです。

もちろん、私は、単純に「存在と価値の互換性」という原理から、「保護されている」ものは「保護されるべき」だと述べているのではありません。認識の可謬性はすでにふれたとおりです。「価値」が「事実」に置き換えうることを前提として、私たちは、そこで置き換えられた事実が人間の社会的共生に対してどういう寄与をしているのかについて、事実にもとづく吟味をしていかなければなりません。その中で、はじめて、「子ども」をどのように保護することが断絶のない世代交代を実現し、共生社会のより完全な実現につながるのかといったことがあきらかになるのです。「子ども」の安全な生存と成長がなければ、世代的に構成された「共生社会」の現実はありえないことを思うべきでしょう。

ところが、最近、少年犯罪とのかかわりで、わが国の少年法の基本精神である「保護主義」を見直そうとする動きがあります。もちろん、現行少年法にはさまざまな問題点があり、そのひとつとして、少年審判における被害者の問題が今回の公開講座においてもとりあげられています。また、より一般的な問題点として、少年法が制定された時代と比べれば、少年および少年をとりまく環境が激変しているという指摘には、軽視しえないものが含まれているでしょう。少年法が本当に少年の現状にそぐわないというのであれば、何よりも「子ども」の利益のために、法改正が必要だといわなければなりません。しかし、少年法改正への動きを客観的にみるとき、「子ども」の利益という視点があまりにも希薄だということに気づくでしょう。法改正論者の多くは、むしろ反対に、少年から社会の利益をまもろうとしている。私にはそのように思われます。そこでは、すでに、保護主義という考え方が相対化されていることを見落としてはなりません。

2 「子ども」観の相対化

少年法における保護主義の相対化はいくつかの場面でみられます。たとえば一八歳や一九歳といった年長少年の犯罪に対する評価がひとつの典型でしょう。彼らの日常生活は成人のそれとほとんど変わりません。一九歳一一月の「少年」と二〇歳一月の「成人」の間に現実的な相違はない。そのことはあきらかでしょう。しかし、法は前者と後者を歴然と区別します。これは「法」というものの運命的な性格です。法はどこかで成人年齢を決めなければならない。ところが、線がどこで引かれても、その前後一ヵ月の人間に現実的な相違はないのです。ここでは、そのことを指摘するにとどめますが、重要な問題点ではあります。

さらに、最近では、触法少年・年少少年・中間少年といった刑事責任年齢（一四歳）の前後の「子ども」についても、保護主義の相対化がいわれています。これについては、興味深いロジックがもちいられているので、紹介しましょう。それは、フランスの歴史家アリエスから「子どもの発見」というアイデアをとりだしてくるのです（アリエス『〈子供〉の誕生』杉山光信ほか訳—みすず書房）。アリエスによれば、私たちが現在「少年」と名づけている子どもたちは一七世紀の末頃まで「小さな大人」と捉えられていた。「小さな大人」がはっきりと「大人」と区別されて「子ども」として位置づけられるのはヨーロッパにおいて公教育の制度が確立された後のことなのです。アリエスはこれを「学校化」という言葉で説明するのですが、この学校化によって、「子ども」が誕生したというのです。このような指摘を承けて、たとえば佐藤直樹は、学校化によって「子ども」が誕生し、子どもに、教育および保護の対象としての位置づけが与えられたと述べています（佐藤「少年法の『保護主義』の相対化のために」新潟大学法政理論二五巻四号）。佐藤の意図は、私たちのもっている子どものイメージがけっして普遍的なものではなく、たかだか数百年の伝統しかないことを示して、「保護の対象としての子ども」という「子ども観」を相対化しようとする点にあります。

しかし、ここには、きわめて大きな飛躍があります。たとえ私たちのもつ「子ども」のイメージが近代の産物であるとしても、そのことから、「保護の対象としての子ども」という近代的な「子ども」観を相対化することはできないからです。私は、歴史についての知識はないので、アリエスの指摘の正否を判定することはできません。しかし、比較的よく知られているローマのことを思えば、ヨーロッパ中世において「子ども」は「小さな大人」だったというアリエスの指摘は充分うなずけます。ただし、同時に、たとえば「妻」の地位なども思い出しておくべきでしょう。ローマの時代、子どものみならず、妻は夫の「モノ」でした。しかし、その歴史的事実から、私たちは「両性の平等」ということもたかだか数百年の伝統しかない近代的な確信を相対化しうるでしょうか。あるいは奴隷はどうでしょうか。合衆国の奴隷解放宣言はようやく一九世紀の後半に至ってのことですが、この歴史的事実から、人間の尊厳を相対化できるのでしょうか。できるはずはないでしょう。「学者」や「研究者」と呼ばれる知識人はよくこの種の錯覚におちこみます。それは、彼らがただ頭の中で概念をもてあそんでいるだけだということを間接的に証明しているように思われます。たしかにアリエスの著作は斬新であり挑戦的であり知的好奇心をこよなく刺激します。文句なしに面白い。しかし、その面白さに惹かれて、「保護の対象としての子ども」という近代的な「子ども」観を相対化しようとしても、それは単なる思いつきであって、「子ども」の位置づけを相対化する論拠にはなりえないのです。

3 存在と認識の混同

この種の誤解は「ある」ということと「知る」ということの混同に由来しています。「存在」と「認識」の混同と言い換えることもできるでしょう。あるモノが「ある」ということは、そのことを「知る」ということとはまったく別の事柄です。私たちは、時に、これまで思ってもみなかったモノが身近にあることに気づきます。しかし、私たちがそれに気づくまで、そのモノはそこになかったのでしょうか。哲学者の中には「なかった」と答える人もいるようですが、多分、説得力はないでしょう。先に述べたように、私たちは「価値」と「存在」の互換性を認めます。だから、このことは、単なる「モノ」についてのみならず、「価値」にも妥当します。価値が「ある」ということと価値を「知る」ということとは区別しなければなりません。価値を「知らなかった」ということは、価値が「なかった」ということではないのです。

ここはとても大切なポイントです。きちんとおさえておかなければなりません。そこで、ごく最近になって「発見された」価値について、たとえば環境という「価値」について考察しましょう。現在、私たちは環境がかけがえのない「価値」であることを疑いませんが、以前、日本人にとって、たとえば「清浄な水」というのは「あたりまえ」のことでした。水はどこでもきれいなものであり、だから、きれいな水は「ただ」でした。そのことはことさら「価値」と認識されていたわけではありません。ところが、いわゆる「高度成長期」に環境は徹底的に破壊され、清浄な水は汚染され、水質汚染によって多くの人命が失われました。水俣病のような公害事件を経験することによって、はじめて、私たちは「清浄な水」のもっている「価値」に気づいたのです。

こうして、環境の価値性があきらかになり、環境権という「言葉」あるいは「概念」があらわれたのですが、それはようやく昭和四〇年代のことでした。大阪弁護士会の研究グループの中で使われたのが、多分、最初でしょう。しかし、環境権という権利が概念化されたから、環境に「価値」が与えられたのではありません。むしろ、反対でして、環境に「価値」があったのです。人間は長い間そのことに気づかなかったけれども、そのような人間の意識の有無にかかわりなく、環境に「価値」があったのです。水・大気・静けさといった自然環境はもともと人間の生活にとって絶対に必要なものです。人間が現実に「生きる」うえで、欠くことのできない事実として、環境はかけがえのない「価値」なのです。だから、人間が遅まきながらもそれに気づいたとき、清浄で騒音のない環境のもとで生きることの「権利」性が疑われなかったのです。

4 「子ども」をめぐる社会関係の現実

同じことが子どもに対してもあてはまります。アリエスがいうとおり、多分、近代以前のヨーロッパにおいて「子ども」は「小さな大人」だったのでしょう。しかし、子どもが「小さな大人」として大人と区別されることなしに社会関係の中に入り込めるような社会システムは基本的に近世絶対主義国家の成立過程で消滅していきます。

もちろん、中世末期の社会システムは都市と農村とではまったく異なり、ホイジンガの名著『中世の秋』などを読みますと、都市に住む中世人たちの信じがたいほどの素朴さや残虐さ、そして貪欲さと闘争欲が活写されています。「停滞した中世社会」というのはあきらかに啓蒙主義史学の偏見でしょう。現在では、生活史においても社会史においても、さらには思想史の局面においても、躍動的で豊かな中世という側面が強調されているようです。しかし、その「躍動」も「豊かさ」も、農業経済を基盤とした伝統的な生活様式の中で深められてきたのであり、生活空間が歴史的な等質性をもちえたという点では、中世の社会関係が単純な静態的社会関係であったことは事実です。ホッブズが国家論を著したとき、その扉絵に剣をもった「怪物（リバイアサン）」を描きましたが、中世の側に視点を置けば、絶対主義的な国民国家の成立はまさしく「国民を呑み込んだ」怪物の誕生なのです。ここでは、詳しく述べる余裕はありませんが、同じく「国家」という言葉であらわされても、中世国家と絶対主義国家は組織的にも作用的にも異質のものだといってよいでしょう。中世末期から絶対主義にかけての時代は、おそらく、社会関係が人類史上もっとも激しく変化した時代のひとつだといえます。国家をはじめとして、まさにこの時期、伝統的な社会集団が劇的に変貌していきました。ゲゼルシャフトが飛躍的に膨張していく中で、「子ども」が「小さな大人」として社会関係を取り結ぶことのできる静態的な社会システムもその時に消滅してしまったのです。

そして、絶対主義の時代以降も、近代社会は加速度的に膨張しつづけ、より複雑な社会関係を生みだしていきました。マルクスは、一八四八年、過去一〇〇年間にブルジョワ社会はそれまでの全人類史に匹敵するほどの生産力の発展をみたと記しています。それを支えたのがブルジョワ的な社会関係の急激な変化でした。そして、さらに、私たちはマルクス以後の一五〇年間を経験しています。私たちが生きる現実の社会関係の中には、もはや、「子ども」が「小さな大人」として参入する余地はまったく残されていない。そういえるでしょう。子どもが、「小さな大人」として生きるのではなく、「子ども」として生きることが、あきらかに子ども自身の生存を保障することにつながっています。私たちは倫理を「社会的な共生を保障する法則」と捉えましたが、そうであるがゆえに、現代社会において、子どもをまもることが社会倫理の現実的な要請なのです。言い換えれば、子どもには、まもられる「権利」があるということなのです。

三 「子どもの保護」――その現実的な内容

1 「法的保護」と「倫理的保護」の根源的同一性

近代のブルジョワ的な社会関係の中ではじめて発見された価値は少なくありません。現在、私たちが当然のものとしている「基本的人権」などはその典型です。さまざまな「自由権」を思い出してください。それら自由権の内容となっている価値は多く近代に発見されたものです。しかし、にもかかわらず、その価値の普遍性を疑う人はほとんどいないでしょう。環境権について述べたことをここで再び強調しておきますが、基本的人権に含まれた価値が普遍性をもちうるのは、その諸価値（つまり価値内容としての諸事実）が人間の現実的な「生」を維持しているが故のことなのです。つまり、個人の「生」を社会的な「共生」秩序の中に保障しようとする「倫理」の本質にかかわっているからなのです。

だから、たとえば「契約自由」というブルジョワ法概念を形式的に捉えて、契約当事者の合意がある以上、どのような契約も有効だという近代私法の発想は倫理的にそもそも成り立たないものなのです。「共生の秩序」を侵害し破壊するような「所有」のされ方や「契約」があるとすれば、それらが共生の法則に矛盾するが故に、倫理的に「正しい」ものではないし、それゆえに「所有権」の実現でもない。つまり、すべての「法」は共生の法則としての「倫理」を土台にしているのです。法律学では、しばしば社会法思想が近代私法の原則を「修正」したと説明されますが、それも、ややミスリードのきらいがあります。そこで想定されている「近代私法の原則」とは、実は、近代ブルジョワジーの単なる希望的な意識あるいは情緒（ブルジョワ・モラリズム）の表明でしかなく、はじめから普遍性をもつものではなかったというべきものだからです。

「倫理」がそうであったように、「法」的な思考においても、モラリズムにとらわれてはなりません。このことは繰り返し確認すべき点です。その意味で、私たち大人の側からいえば「子どもをまもる」ということ、子どもたちの側からみれば「まもられる権利がある」ということも、単なる「意識」であってはならないし、「イズム」にとどまってはならない。現実として、事実として、子どもは「まもられて」いなければなりません。子どもを「まもろう」と思うこと、あるいは、子どもを「まもっている」と自覚すること、そういう「意識」や「思い」は、子どもが現実に「まもられている」ことを保障していないのです。「倫理」にとっても「法」にとっても、重要なことは、子どもを「まもろう」とすることではなく、子どもが「まもられている」という「事実」なのです。この点において、「法」と「倫理」は根源的に同一なのです。

2 「子ども」の利益と少年法制

この点では、少年に関する法制の現実には、少なからぬ問題点があるように思います。まずは少年法をみましょう。神戸の小学生殺害事件の後、「少年院の収容期間は二年以内とする」という法務省矯正局長通達が少年処遇の指針になっていたことが何度か報道されました。私も、刑事法学を専攻するものであり、少年法にはそれなりの関心もあったのですが、このような通達があったことは知らなかった。もちろん、最近では、比較的短い期間しか収容しないようだとの認識はありました。しかし、短期処遇も、個別的なケースに応じた「教育」の効果があがっているためだろうと思っていたわけです。不勉強であったということでしょう。しかし、一言だけ弁解するとすれば、出院の時期をどう判断するのかという少年院における処遇の最大のテーマが官僚の通達によって機械的に決められていたとは思わなかった。いくら何でも、これはやりすぎです。デモクラシーの根幹にかかわる越権だというべきでしょう。しかし、それはそうであるとして、矯正局長の通達が「少年の利益」を考えてのことであったということは容易に想像できます。少なくとも「主観的には」そうであったのでしょう。しかし、現実的には、その主観的な善意が「少年の利益」になっていないのです。ここに大きな問題があります。

そもそも「少年の利益」とは何でしょうか。彼らの最大の利益は、彼ら自身が、再び人を傷つけることのない自分に変貌し成長することです。おそらくそれに勝る利益はない。そのためには、何よりも、人を傷つけることによって、彼ら自身がその中のひとりとして参画している「共生の秩序」を破壊したという事実について、真摯にみつめることが出発点になるでしょう。ところが、よく考えてほしいところですが、たとえば傷害・傷害致死・殺人といった重大な犯罪をおかした場合、自らの行動とその結果を真摯にみつめなおしたとき、少年に生じる精神的衝撃がどれほど大きなものでしょうか。そこでは、一種の心理的防衛規制がはたらき、現実から「目をそらす」ということもごく普通のことなのです。一般的には、たしかに少年は可塑性に富み、それだけ成人よりも更正の可能性は高いといえます。しかし、一口に「更正」といっても、事実をみつめなおすところから出発して、自ら行為の意味を知り、自己のために自己の行動パターンを変えていくという過程は、精神的にも肉体的にも、かなりの努力を要する困難な営みの連続だといえます。この営みをどうサポートしていくのか。ここに少年処遇の核心があるわけです。処遇の現場では、生活指導・職業指導・教科指導を通じて、さまざまな工夫をしながら、文字どおり全人格的な教育が必要となるでしょう。その実践の中で、個別的に、自ずから処遇期間は「決まる」のです。事前に、一律に、何年以内と「決める」ような性格のものではない。矯正局長の通達はこのことを忘れています。私は、この通達が「少年の利益になっていない」と述べましたが、それをもっとも実感しているのは、少年処遇の現場で実践に取り組む専門職員の人々ではないでしょうか。

もちろん、私は、少年院での処遇が純然たる「教育」だと考えているわけではありません。それは、教育的機能をもつ、教育的な営みではあっても、権力的な強制を背景にしている点で、少なくとも通常の意味における「教育」ではありません。少年院における処遇は刑罰と同視しえないとしても、一種の害悪（ユーベル）の賦課であることは事実なのです。処遇には、法益侵害を断固として認めないという国家意思が含まれているのであって、それ自体が「利益」だという利益処分説は完全に誤っています。したがって、私は、処遇が長期化してもよいとは思いません。教育的な効果が現実的に認められるかぎり、処遇の短期化ということ自体、積極的に認めていくべきでしょう。何よりも、処遇が共生秩序の回復をめざしておこなわれる以上、処遇のホームグラウンドは現実の「社会」だということを忘れてはなりません。本来、隔離が原則なのではなく、解放が原則なのです。反対に、再犯の現実的な可能性が残されているのに、法で認められた期間を残して処遇を中断させる理由は何もないというべきでしょう。再犯こそ、実際、少年に想定される最大の不利益なのです。少年の権利保護に積極的に取り組んでいる弁護士サイドでさえ、前記「通達」が好意的に迎えられていたところに、ひとつの重要な論点を指摘しえます。

3　「子ども」の利益と「子ども」の権利

子どもには「まもられる権利」がある。子どもは保護されるべきものだ。私はそう述べました。しかし、いうまでもないことですが、子どもを「まもる」ことは子どもの恣意や欲望を保障してやることと同じではありません。恣意は「何の拘束もない自由」を求めますが、そのようなものは、ホッブズが観念的なモデルとして想定した「自然状態」の法則であり、まったく現実性をもちません。恣意が求める「自由」の強調こそ近代法的な情緒主義（モラリズム）の産物なのです。

私は、以前ゼミの学生たちと共に、さまざまな「校則」をあつめました。その中には、「おとな」つまり「教員」の恣意が溢れていました。校則といえども、社会倫理規範のひとつなのですから、その基盤には、「共生の法則」があるはずです。しかし、多くは、「共生」ではなく、「管理」の法則でしかなかったことを覚えています。そして、一種のカウンター・ルールともいうべき生徒側の自主憲章も並行的にあつめましたが、そこでも「子ども」つまり「生徒」の恣意が溢れていました。「遅刻をする権利」「叱られない権利」「セックスをする権利」等々。これらの自主憲章は、スカートや髪の長さをミリ単位で規定することと同じくらい「バカげたこと」なのです。「自由」あるいは「権利」ということの存在論的な意義を完全に見失っています（「自由」の存在論的な意義については、吉弘光男・梅崎進哉・宗岡嗣郎「現代法の論理構造」法の理論〈成文堂〉一九号を参照）。最近、自己決定権ということから、子どもの恣意をそのまま認めて、援助交際という名の少女売春を積極的に認めていこうとする動きが一部の知識人にみられますが、ここでも同じことがいえるでしょう（宗岡嗣郎・清水純「誤解される自己決定権」論座〈朝日新聞社〉一九九九年四月号）。

子どもの「恣意」を重視する情緒主義（モラリズム）は、結局のところ、子どもの実存をいちじるしく侵害していることに気づくべきでしょう。「子どもの権利条約」のキーワードに「子どもの最善の利益」という文言があります（九・一八・二〇・二一・三七・四〇条）。多くの解説書は「子どもの最善の利益」を解釈の「指導理念」だとしていますが、それは「理念」のような曖昧なものではありません。子どもの最善の利益は解釈の「現実的基準」なのです。私は、先に、少年院に在院する「子ども」

の最大の利益を「彼ら自身が、再び人を傷つけることのない自分に変貌し成長すること」だと述べました。それは、彼にとっては、とてもつらいことです。彼の恣意は、そこから目をそらそうとしますが、その恣意を抑えつけることこそ、彼の最善の利益につながっているのです。そのことは、彼の現実的な「あり方」そのものから導きだされるものなのです。

何度もいうように、子どもにかぎらず、人間は「共生」というあり方をしています。したがって、共生の秩序というのは、「社会」の存在法則であると同時に、「個人」の存在においても貫徹している存在法則です。それゆえ、犯罪は、単に社会（他者）を侵害するだけではなく、同時に自分自身の存在法則をも侵害していることになります。犯罪とは、それ自体として、自己疎外の極致だということを知るべきでしょう。だから、共生の法則を再び自己の法則とすること以外、疎外克服へと向けられた最初の一歩はありえないのです。この一歩を強制することこそ、子どもの最善の利益につながり、子どもの権利の実現につながっているのです。このことは犯罪の場合にかぎりません。犯罪ともいえない小さな価値侵害は日常生活の至る所にあります。子ども同士の「いたずら」「けんか」等々。私たちはその価値侵害の程度に応じて「子ども」を叱るわけですが、こういう場合に叱られることも、子どもの権利のひとつだといえましょう。子どもは、その中で、自己の「内」に共生の存在法則が貫徹していることを知っていくからです。ここには、処遇と同様、一種の強制的なモメントがありますが、しかし、それも単なる「外在的強制」でないことは了解していただけると思います。

それは一見したところ外在的強制にみえますが、実は、子どもたちがすでに現実にもっているものを引き出しているだけなのです。少年処遇は、自己が破壊した共生の秩序を、自己のために取り戻すためのものだといえます。それが「共生の現実」つまり「現実の社会生活」に戻る第一歩になるでしょう。時に、犯罪の「償い」ということがいわれますが、それは少年処遇の目的ではありません。考えてもみてください、もし「償い」ということがあるとすれば、それは現実の社会生活の中でおこなわれてこそ、意味があるでしょう。処遇はその前提を整える「場」なのです。少年処遇そのものの中に「償い」の要素を取り込むことは完全に誤っています。このことを一言つけ加えておきます。

四 結びにかえて

1 要約

以上、子どもをめぐる倫理と法について、簡単に述べてきました。それは一言で要約できるものです。要するに、私たちは、私たちの生きる生活世界を将来の世代に手渡していくために、「子どもの最善の利益」を「子ども」という特殊な「あり方」に即して考察しなおそうということなのです。言葉になおせば、ただこれだけのことなのです。

「子どものために」という言葉はよく聞かれます。子どものために、広い家に住みたい。子どものために、よい学校に入れてやりたい。いくらでもあげることができます。しかし、これらのことが本当に「子どものために」なっているのかについて、もう少し考えなおしてみる必要があります。それは、多くの場合、おとなの「情緒」や「思い」にすぎないでしょう。いわば、おとなの「恣意」なのです。「子ども」の生活空間は「おとな」の恣意にとりかこまれ、そこから、徐々に「子ども」は子どもの恣意を形成していきます。

今日の新聞にも、国立大学の付属小学校の受験をめぐる母親同士の確執から、幼い女児の生命が奪われたという事件が報道されています。二歳の幼児が受験勉強をしているのです。こういう現実を背景にして、「子ども」をめぐる議論は、おとな（大きな子ども）と子ども（小さなおとな）が入り乱れて、恣意と恣意のぶつかり合いという観念的争いの様相をおびています。しかし、私たちの「子どものために」も、私たち「おとなのために」も、もうこのような不毛な観念の争いはやめましょう。もう少し確実な地平に議論の「場」を移しましょう。そのために、まず「子ども」という存在者の「あり方」を存在に即してきちんとみきわめましょう。私がいいたかったことはただそれだけなのです。

本当に、言葉になおせば、簡単なことなのです。ところが、これを現実におこなおうとすれば、大変な努力が要求されます。気の遠くなるようなエネルギーが必要になります。現に、私などは、挫折の半歩手前くらいのところでフラフラしながら立っている。それが現状なのです。言い換えれば、「恣意」を解放した近代思想の意思主義的なパラダイムは、近代倫理思想および近代法思想の中に盤石の基盤をつくりあげている。そういう学的状況のもとで、子どもをめぐる法制が整えられているのです。近代的主観主義、ブルジョワ・モラリズムの克服こそが焦眉の課題だといえましょう。

2 展　望

私は、今「挫折の半歩手前くらいのところでフラフラしながら立っている」と記しました。しかし、これは、いわば「学者としての私」の現状でしかありません。「教育者としての私」はまだもう少し元気がありますし、「家庭人としての私」はもっと元気です。何故でしょうか。私の講義を聴く学生諸君は、なにしろ素直ですから、私の主張を「ごくあたりまえのこと」と捉えてくれるからです。そして、私の「家庭」は、実存のあり方としては、奈良時代の家庭のあり方とあまり変わっていないからです。ごく平々凡々な普通の「あり方」をしています。このようなごく普通のあり方の中に何万年にもおよぶ人類の叡智をみいだすか否か。そういう「理屈っぽい」ことを思うことさえない平凡なあり方。ここに、多分、将来を楽観して見通す「家庭人としての私」の視座があるのでしょう。「学問」の世界から離れたところで私が囲まれている「平凡さ」――これが多くの人々に共有されているかぎり、ブルジョワ・モラリズムという近代的恣意の跳梁跋扈もいつかは収まる。そういう「あり方」を人間はしているのです。今、「学問」はいきづまっています、「制度」もいきづまっています。しかし、私たちの周囲を見渡せば、けっして「人間」がいきづまっているわけではない。多くの人々は平凡な日常をしっかりと生きています。そのことをおさえておくならば、私たちの「共生社会」のあり方を、より完全な方向へと、発展的に変えていくことは充分に可能でしょう。それができたとき、「学問」や「制度」も、後から、目立たぬよう控えめに変わっていくでしょう。

Ⅵ　子どもをとりまく環境汚染

河内俊英

一　環境対策とその問題点

環境汚染は、そのほとんどが水の汚染につながっています。つまり環境を汚染することは、飲み水経由か食物連鎖、生物濃縮を経て食べ物といっしょに取り込まれ、私たち人間への害につながっています。すぐに目に見える被害が出ないと、とかく安易に見過ごし、また楽観的に考えたいのが私たちですが、残念ながら汚染は必ず私たちに悪影響をもたらします。

現実には、これまで厚生省の水道基準に適合するレベルの水銀により水俣病が発生し、安全と言われた血液製剤から多数のエイズに感染した患者がでました。このようにとかくわが国では、多数の被害者や死者が出ないと本格的な対策をたてないという悪しき慣習があり、予防対策に遅れのあることが、指摘されています。そろそろ根本的予防に力を入れる政策に変わって欲しいものです。

1　飲み水の安全性

なま水を平気で飲むのはアメリカ人と日本人とカエルだ、と西洋人は冗談でいうと聞きます。しかし、現在飲まれている水の多くは、ミネラルウォーターであり、浄水器で処理された水です。これは、全国各地、特に都市部の水道水には多少の差はありますが、発ガン性のあるトリハロメタンや多くの化学汚染物質が含まれ、「一〇〇%の安全は保障できない」と水道担当者も言わざるを得ない状況にあるからです。また味の面、ニオイの面で問題があると思っている人も少なくありません。これは、酸性雨の影響もありますが、水道水に使う原水に問題があるからです。

水道水の水質基準は、改定されて一九九三年から従来二六項目であったものが四六項目と大幅に増やされました。このことは評価されるべきことですが、一方で汚染物質は増加しており、それらが規準値内なら含まれてもよいということにもなります。この項目のうち二九項目は、WHOの規準をもとにした健康に関連した項目であり、体重五〇キロのヒトが一日二リットルの水を一生飲み続けても被害が出ないはずの濃度で決められています。さらに新たに快適水質項目を一三、監視項目を二六追加し、合計八五項目を設定しました。しかし、この規準には現在もっとも注目され問題視されているダイオキシンや環境ホルモンは入っていません。農薬は、現在六千以上の商品が登録されていますが、規制されているのは監視項目を入れても一五項目に過ぎません。環境ホルモンとして疑われている農薬は五〇種類近くあり、影響が心配されます。

監視項目というのは、「将来にわたる安全性の確保のため、全国的に監視すべきもの」とされています。この項目は、「健康に関係するものであるが」、現状ではきわめて低いので、規準項目にする必要がないとされています。しかし、今後検討され検出状況によって規準項目に移行する可能性のある項目です。

また以前から一部で心配されていた水道管から出てくる、鉛の溶出やアスベストへの対応も問題です。このように水道水の安全性への不信感が、浄水器の購入や名水ブーム、飲料水はミネラルウォーターへという自衛に走らせていると言えるのではないでしょうか。

残念ながら化学汚染物質の除去は、容易ではなく、水道原水を汚染しないことがもっとも重要なことです。しかし、そもそも原水をいかに安全に保つか、という基本的姿勢が十分ではなく役所の縦割り行政の弊害もからんでいて、対策が不十分に思われます。つまり水道水の安全については厚生省、農薬に関しては農林水産省であり、河川工事は建設省です。さらに、河川水浄化の切札とされる下水道は建設省、同じ機能であっても農業集落排水事業は農林水産省、さらにコミュニティ・プラントは厚生省とそれぞれ管轄が異なり、対策が一本化されません。この点ドイツやデンマークでは、飲み水の多くは地下水ですが、汚染に対しては、非常に注意がはらわれています。水道水保全の中心は河川保護であると位置づけて、地域によっては、農業の制限や栽培作物を限定したり、さらに肥料や農薬の規制も行っており、これらの禁止や規制に対する農業補償は、水道料金収入から支払うようになっています。また省庁間の縄張りや責任の押し付け合いなどもなく、一貫した対応になっているようです。この背景には、いかに健康な生活ができるかを基本にした環境政策、対策がとられていて、国全体で共通のコンセプトをもち、「国民の健康と福祉」が環境問題の中心にあることです。そうすることが、病気の予防にもつながり、医療費の負担軽減になり最終的には国民にとってプラスになると考えているのです。

日本の現在の対応は、水道水源地にゴミ埋立地やゴルフ場、し尿処理施設がつくられていて、汚染した原水を高度な処理施設で高いコストをかけて処理し、それでも除去できずに、不安な水を給水し、市民は自衛しているのが現状でしょう。いかにお金をかけても、化学汚染物質を完全に除去することはできないことから、規準値が設定されているともいえます。また汚染物質除去過程で使う塩素によって、発ガン性・変異原性のあるトリハロメタンなどが発生している問題もあります。水道原水のよくない地域では、トリハロメタン対策として水道水を煮沸あるいは粉末活性炭の入った浄水器で除去することも必要でしょう。ただし浄水器の粉末活性炭は、定期的に取り替える必要があります。

2 身近な農薬の影響

家庭でも多くの殺虫剤が使われており、家庭用スプレー式殺虫剤、くん煙殺虫剤、園芸用殺虫剤、さらに電気蚊取り器など多くの農薬が身近にあります。さらにシロアリ対策、ダニ対策および防カビ加工された家屋など多くの農薬がわたしたちのまわりで使われています。とかく見落とされている、身の回りの農薬の問題点について注意をうながしたいと思います。

農薬で特に心配されるのは、農産物への残留と思われます。一般的には、日本国内で生産される農産物では、国内の残留農薬に対する基準によって極端な問題は出ないと考えられています。しかし、米も含め農産物の完全自由化への流れの中で、心配なのはポストハーベスト(Post-harvest application)の農薬です。ポストハーベストとは、農産物の貯蔵・輸送時に害虫やカビの発生を防止するために、収穫後に農薬を散布することです。農産物にシャワー状に農薬を散布して、穀物では二年くらい病害虫の発生をおさえられるようにして輸出するものです。表1に示すように、日本の残留農薬量に比べて世界的な穀物輸出国であるアメリカ、カナダ、オーストラリアの残留濃度は高いことがわかります。またこれと関連して、WTO(世界貿易機関)で農薬残留基準を国際食品規格で統一しようという動きが強まっています。国際規格と言うと聞こえはよいのですが、内実は農薬残留量を十倍、二十倍に緩和することになります。また先進国で、日本ほど大量に農産物を輸入に依存している国はないこと、

表1　各国別の農薬等の残留許容量の例(安東(1994)より)

(単位：ppm)

国名	DDT	NAC(カルバリル)	臭素	キャプタン	クロルピリホス
日本	0.2	1	50	5	0.5
国際食品規格	0.5～5	0.2～10	20～250	5～20	0.01～1
アメリカ	0.5～7	0～12	5～250	0.25～100	0.05～0.5
EC	—	1.2～2.5	—	0.5	—
オランダ	1	0.8～3	50	15	0～0.3
西ドイツ	0.05～1	0.1～5	5～50	0.1～15	0.1～5
フランス	—	1.2～2.5	—	0.1～15	—
オーストラリア	0.2～7	0.2～10	20～250	10～50	0.01～3
カナダ	1～3.5	0.2～10	—	2～40	0.01～0.3
スウェーデン	0.05～1	—	25～50	2～15	0.01～0.3
スイス	0.03～0.3	2.5	50	3～15	3～15

(注1) 国際食品規格とは，FAO/WHOの合同国際食品規格(コーデックス)委員会が残留基準の国際平準化のために設定した勧告値

(注2) 残留基準値が農産物により異なる農薬等については，その最小値と最大値の範囲を〈1-5〉のように示している。

および食文化の違いも心配のたねです。なぜなら、先進欧米諸国の人々は、食事のときに日本人のように主食としてパンやご飯をたくさんは食べません。だから小麦や米に十倍の残留農薬があっても日本人に比べて取り込む量は少ないし、自国用には貯蔵期間のこともあり、それほど高濃度の農薬を散布する必要もありません。またいま話題になっている遺伝子組替え大豆などの問題も含め、日本人ほど食卓で大量に大豆食品(豆腐、納豆、味噌、醤油、油など)を食べる先進国もありません。それを同じ規格で扱うと日本人への蓄積濃度は、何倍にもなります。

　国際規格によって、これまで残留基準の設定されていなかった農薬にも基準ができることを評価する人もいます。しかし、大幅に濃度が緩和されて基準ができても、そ

図１　野菜輸入額の伸び（1980～1992年）（1980年＝100）

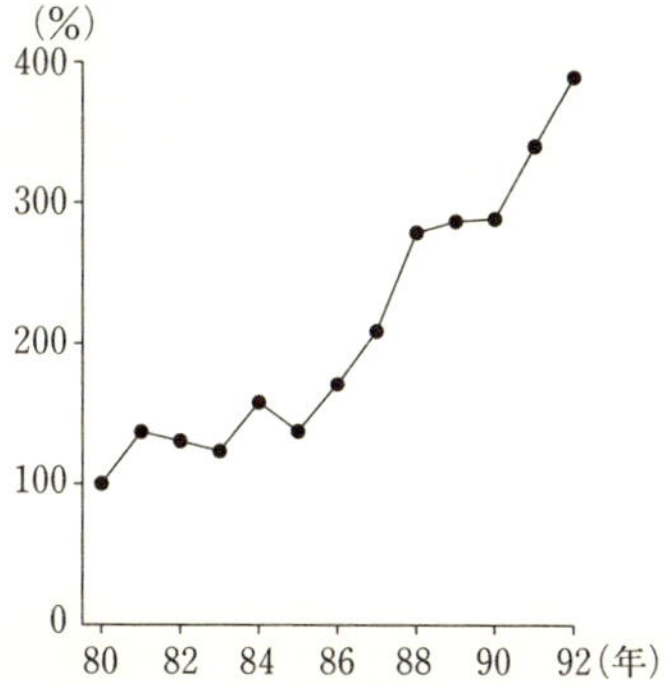

（資料）日本貿易振興会『農林水産物』各年版より作成。
板垣啓四郎「こんな野菜まで輸入されています」
『食べもの通信』1994年10月号より。

の基準値以下なら残留してもよいとのおスミつきを与えることになります。また輸入量は増加する一方にもかかわらず、公務員の人員削減を一律で行い、さらに規制緩和の流れの中で、検疫所の検査体制は人員不足と手続簡素化が進んでおり、とても心配を払拭するような状況にはないようです。門司税関の大重（一九九四）によると、たとえば継続して輸入するものは、一度行政検査に合格すれば、一年から三年は検査なしでの輸入が認められています。厚生省指定の民間検査機関に業者が持ち込んだサンプルの自主検査で問題ないとの結果が出れば、許可されるのですが、民間検査所は仕事をもらうために、厳しい検査結果を出しにくいことも事実でしょう。輸出国の公的検査機関が検査証明を出せばよいことになっています。輸入農産物に残留する農薬が、日本で許可されていない農薬の場合や、どんな種類の農薬を使用しているか情報がない場合、少ない人員では到底残留チェックはできないのです。

　輸入野菜も図１のように急増しており、反面国産野

図 2　農薬等の作物残留基準や登録保留基準の決定プロセス
（安東(1994)より）

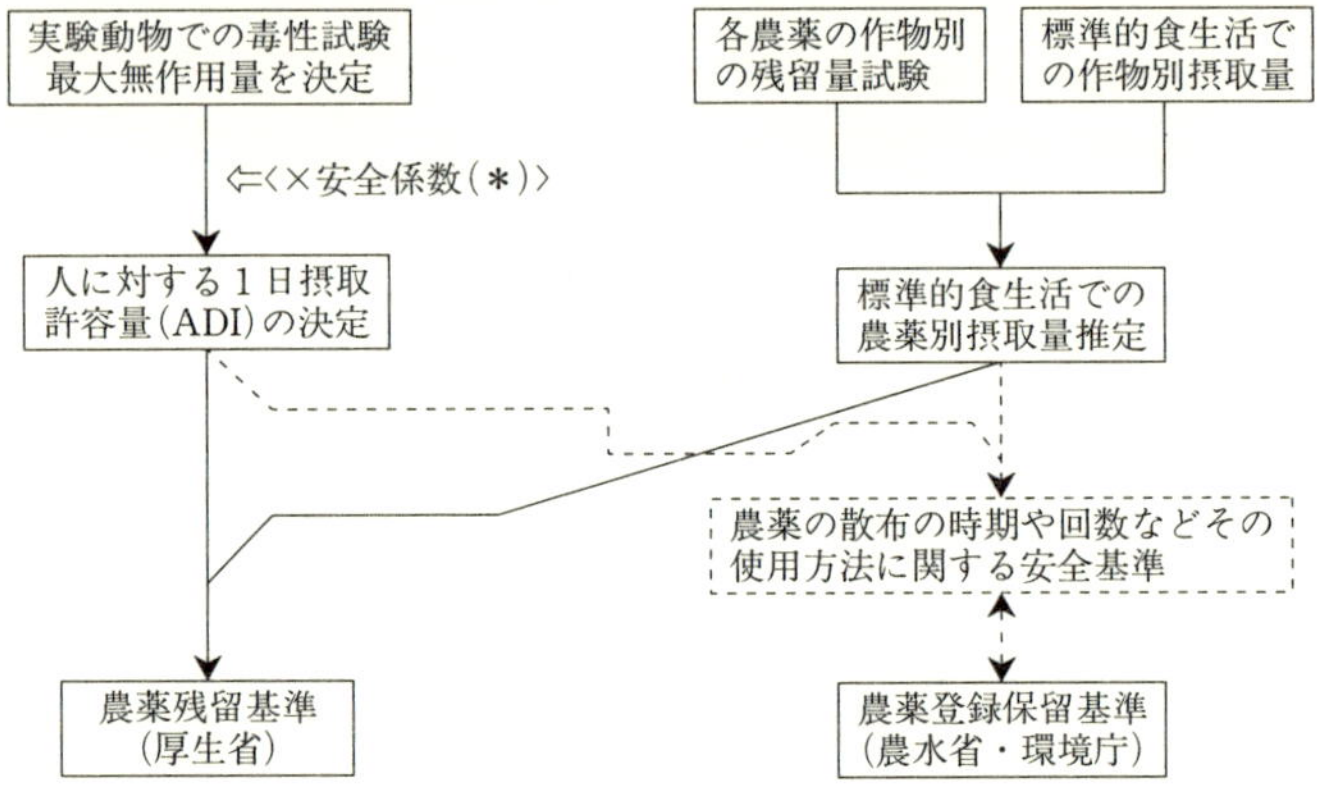

（＊）動物実験からADI量を決めるさいに，動物とヒトとの違いや，薬剤に対する無作用量の成人と子どもや老人などとの差を考慮して，日本ではふつう安全係数として〈1/100〉値を用いる。
⇒たとえば，ある農業が動物実験からは1日当りの無作用摂取量の最大値が0.5mg/体重・kgであったとすれば，人についての1日摂取許容量（ADI）はふつう；0.5mg×1/100＝0.005mg/体重・kgと決められる。

菜は減少傾向をたどっています。このことはそのまま、残留農薬の問題、安全性の問題にかかわっています。

農薬残留基準の問題点

残留基準の決定は、図2のようなプロセスで決められます。まず動物実験で毒性試験が行われ、最大無作用量が決められます。その値に安全係数（通常百分の一）をかけて残留基準値とします。ある農薬について、動物実験から一日当りの無作用摂取量が求められたら、その値の百分の一がヒトの基準値になりますが、体重一キロ当りに換算して一日当り摂取許容量として示されます。通常急性毒性だけが示されており、発ガン性や突然変異を起こす変異原性、催奇形性などについての毒性試験は不十分であり、とても安全だと

表2 実験動物のダイオキシンによる半数致死量の比較（長山（1994）より）

動物	50%致死量 μg/kg体重
モルモット	0.6～2.0
ラット*	20～60
ニワトリ	25～50
サル	70
イヌ	100～200
ウサギ	100～300
ハツカネズミ	100～600
ハムスター	1,000～5,000

＊白色のネズミで，体重が200～300ｇある。

は言えません。

また急性毒性の摂取許容量も動物によって毒性のあらわれかたに大きな違いがあり（表2）、必ずしも安心できないことを知っておく必要があります。

家庭の農薬の危険性

このほかに農薬問題で心配されるのは、家庭で使用する農薬です。エアゾール式殺虫剤にはピレスロイド系、有機リン系、カーバメート系と三種類の殺虫剤が混ぜられていて、動物実験で発ガン性の物質や神経刺激伝達を阻害する物質が使われているものもあり、便利で使いやすいとやたらに室内で噴霧するのは危険です。また家庭でしばしば使われるくん煙式の殺虫剤は隠れたゴキブリやタタミやジュータンのダニにも効果的などと、閉め切ってガスを発生させますが、煙は消えても農薬は部屋の中の衣類や食器、タタミなどにも付着して危険です。夏の風物でもある蚊取り線香や電気蚊取り器には化学合成されたピレスロイド系農薬が使われています。この系統の殺虫剤は家庭用、シロアリ駆除用、衣料防虫と広く使われていますが、環境ホルモン様作用を持ち男性ホルモンのアンドロゲンの働きを阻害するものがあります。

二　食べ物と健康

1　食べ物の安全性

飽食の時代で食べたいものはなんでも手に入り、スーパーやデパートの食品売り場は、食品があふれるようにあります。しかし、これはみせかけの量的充足であり、質的な面から見るとひどい状態にあり、添加物や残留農薬のない安全性の高い食品の入手には苦労がいる時代です。

日本では、昔から魚肉をチクワ、カマボコ、ハンペンなどに加工して食べていましたが、従来は加工して数日で消費しており、このことを前提に生産されていたことから防腐剤の心配はありませんでした。漬物や味噌も各家庭で手造りか、ごく小規模で農家の副業的生産か、家内工業的な生産以外は、ほとんどなかった食品分野でした。これが図3のように一九五〇年代以降食品添加物は急増していきました。これは、日本の高度成長にともなって起きた人口の都市集中によって、都市への大量食品供給が必要になりました。このような背景のもとに大企業が加工食品分野に加わり、食品生産の近代化を促し、大量生産、大量販売体系がつくりあげられました。その過程で、容易に長期間保存できる方法として防腐剤の使用がはじまりました。冷蔵保存しなくても品質の低下が起こらず、常温で輸送でき、スーパーマーケットの棚に長期間並べておけることは、生産者、販売者にとって大きな利益です。

図 3　食品添加物指定品目数の推移（化学合成品）

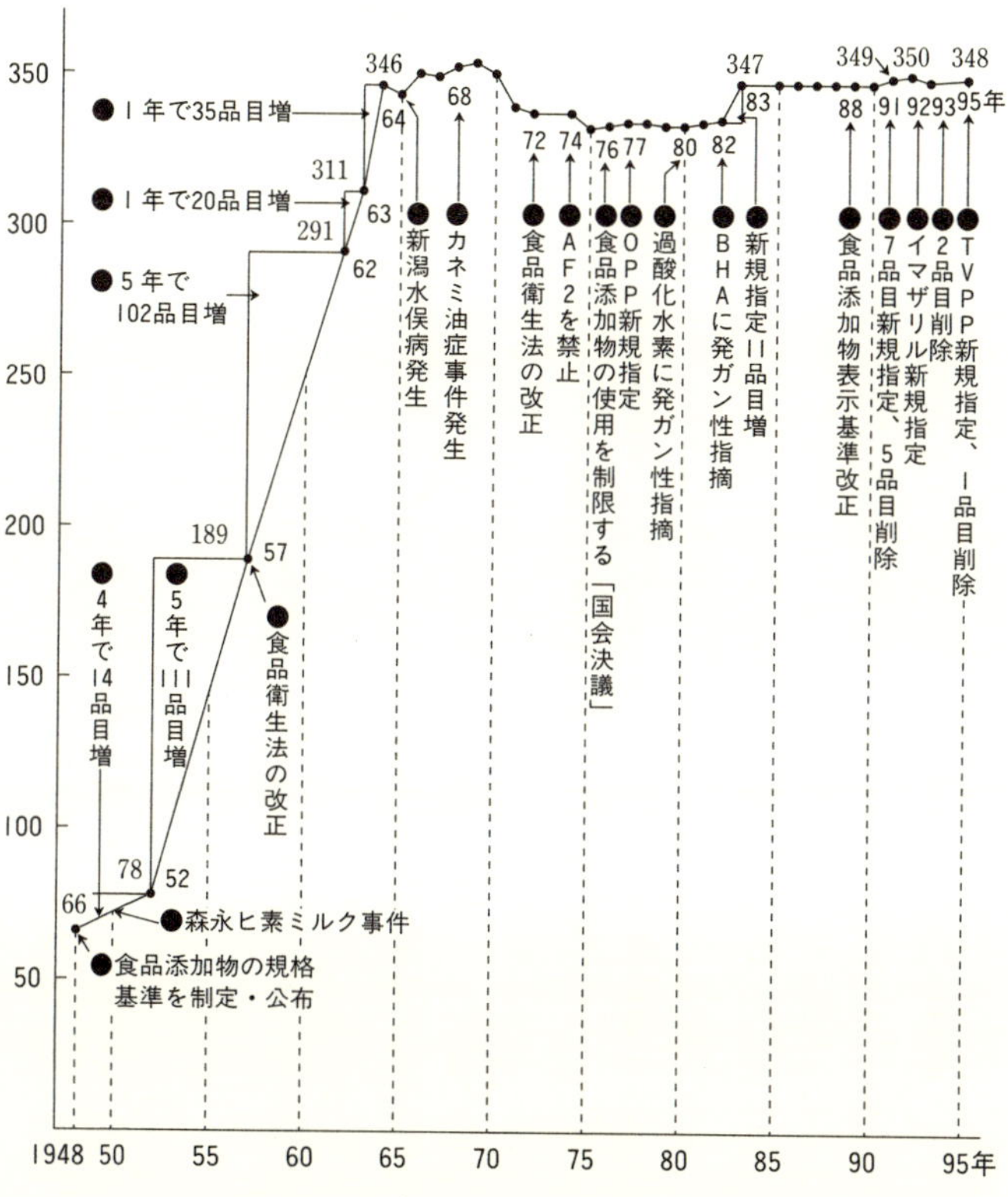

（出所）『よくわかる食品添加物一問一答』合同出版より家栄研で一部改訂。
藤原邦達「ますます危うい食の安全性」『食べもの通信』1995年8月号より。

また高度経済成長期以降、社会全体が経済性と利便性を追求する風潮となり、これまでの食生活を一変させたと言われています。一部の人の間には食べ物は、単にエネルギーを補給するものであり、口に入り空腹を満たせば良いとする風潮が、食品添加物の増加をもたらした一因との考え方もあります。

食品添加物と大量生産

社会的な要請も背景となって、食品加工に企業が加わると、生産コストや稼働率さらに原材料の供給のこともあり、加工用農産物の栽培や飼育も行われるようになりました。食品加工は、一九六〇年代以降質的にも量的にも大きく変化していることは図3の食品添加物の年次推移からも明らかです。一九五〇年から一九六〇年にかけて急激に添加物は増加しています。一九四七年の約六〇種類から一九五七年までの十年の間に一八九種類に増加し、さらにその後の五年間（一九六二年まで）で二九一種類に増加し、わずか二年後の一九六四年にはさらに三四六種類にもなっています。その後国内事情だけでなく、日米貿易摩擦、貿易不均衡もからみ、そのしわよせは農産物と加工食品の市場開放の要求となっていきました。食品問題が単なる健康問題ではなく政治経済問題も複雑にからんでおり、国内の食品メーカーに限った安全性論議では解決できない国際問題にもなっているのです。

食品添加物とは、「食品の製造において、または食品の加工もしくは保存の目的で食品に添加、混和、浸潤その他の方法によって使用するものを言う」と定義されています。厚生省が食品添加物として指定している品目は三五〇品目もあります。その大部分は、化学的合成品で、天然物はごくわずかです。化学合成添加物は、厚生省によって一九八九年からラベルやパッケージなどに表示することが義務化されました。しかし、例外事項があり、栄養強化のための添加物や、センベイに塗られる醤油の添加物のような使われ方のときは、表示しなくてもよいことになっています。

食品添加物のうち、食品製造に欠かせないものと、使用しなくても製造できるものがあります。生産流通システムのように生産地と消費地が離れていると、保存料、殺菌剤、防カビ剤、酸化防止剤などの使用はある程度やむを得ない面もありますが、もっと近い所での生産の努力と工夫が望まれます。生産地が近ければ、使用しなくても済むものが、少なくないのです。

また、経済的理由を優先し、製造工程の合理化や天然材料が高いなどの理由で化学合成添加剤を使用する場合も少なくありません。たとえば大豆油を搾るとき、通常の圧搾法では八五％しかとれませんが、ノルマルヘキサンを使って溶かし出すと九九％も搾れます。また醤油を丸大豆からつくるとき、本醸造では一年以上かかりますが、ノルマルヘキサンで搾った後の脱脂大豆で醤油をつくると三ヵ月に短縮できます。従来と異なる材料や製造工程で、従来の製品と同じようなものをつくろうとすると、乳化剤、増粘剤、安定剤、軟化剤のような様々な添加剤が必要になることが多いという問題があります。

見栄えの悪くなった素材や、味の低下した材料に味付けしたり色付けするための添加剤として、発色剤や香料、調味料などが加えられます。たとえばチューブ入りワサビは、西洋ワサビを材料にして、ワサビ色の着色料で色をかえ、さらに人工の味と香りを加えて本物らしくしています。このような例は少なくなく、ニセモノを本物らしくするために多くの添加物が使われているのです。化学合成された添加物は、種類と量が多くなるほど危険が増すことから、健康のためには極力摂取量を減らす努力をしたほうがよいと言えます。

食品添加物の三大毒性

食品添加物で百パーセント安全と言えるものはなく、安全性は相対的なレベル差の問題と言われています。一般に関心の高い「発ガン性」も、はっきり発ガン物質と指定されているものは僅かですが、発ガン疑惑物質や可能性のある物質が大量にあります。毒性の中でも最も不安をもたれているのは、発ガン性のような「特殊毒性」です。この特殊毒性には、「発ガン性」、「遺伝毒性」、「催奇形性」があげられ、三大毒性と言います。この特殊毒性を含む食品を継続して摂取すると、集団の中での発ガン者数や遺伝的影響や遺伝病、さらに先天異常や奇形も増加することになります。この特殊毒性はこのレベル以下なら安全という許容規準は決めることができません。それにもかかわらず、使用禁止になった例は少ないのです。

毒性の問題を考えるとき「遺伝毒性があれば発ガン性も疑え」と言われています。遺伝毒性は、親が農薬を摂取した時、その子孫に異常が現れるような有害な性質をいい、遺伝情報を伝える染色体に傷がつくと起きるのです。子どもに影響が出なくても、世代を経るごとに異常の出方が大きくなる場合もあります。変異原性、遺伝子損傷というように遺伝子に作用を及ぼして、子孫に遺伝的な悪影響をもたらす毒性です。この毒性は、発ガン性と密接な関係にあると考えられています。ガンは、細胞の突然変異の一種であり、DNAの損傷が引金になっていると、推定されていることからも考えられることです。DNAの損傷物質と変異原性、さらに発ガン物質の三つの間につながりのあることが指摘されているのです。

一般に「発ガン性と言っても、強弱の差が大きく、弱い発ガン性までヒステリックに問題にし過ぎる」、あるいは「弱いガンまで問題にしたら食べるものが無くなる」という言い方をする楽観主義者もいます。行政や業者は楽観主義者なのか、責任逃れと利益追求のためなのか、前者の立場が大部分のようです。発ガンや奇形の因果関係が特定できないことから、「責任を問われることはなく、その場限りの無責任なことが行われているのだ」との指摘もあります。「弱い発ガン性は安全」とするのなら「どのレベルで強弱を分けるのか」も含めて科学的に示す必要があります。食品添加物は、食べる消費者のためにあるのではなく、売る側の食品業者の利益のために使われているのです。その結果、将来ガンやその他の被害の可能性が拡大し、医療費の負担が増大したときの負担は、誰がするのでしょう。

2　現代型栄養失調

高カロリー食とビタミン・ミネラル不足

食生活と子どもの心の健康の関係について、現代の食環境は「体と心の成長にとってバランスが良い内容とはいえない」と言われています。若者の食生活は、ハンバーガーに代表されるファーストフード、コンビニの弁当、カップメンなどのインスタント食品とスナック菓子に加えて、砂糖たっぷりの清涼飲料水にどっぷりつかったものです。

このような高脂肪、高タンパクにかたよった食生活は、見かけ上は子どもの体を大きくしていますが、砂糖の過多で、ミネラルとビタミン、食物繊維の不足の問題をかかえています。これを「現代型栄養失調」と呼ぶ人もいます。この食の問題は、世間で問題になっている「子どもたちの問題行動」

図4　ハンバーガー１個分の栄養バランスは？

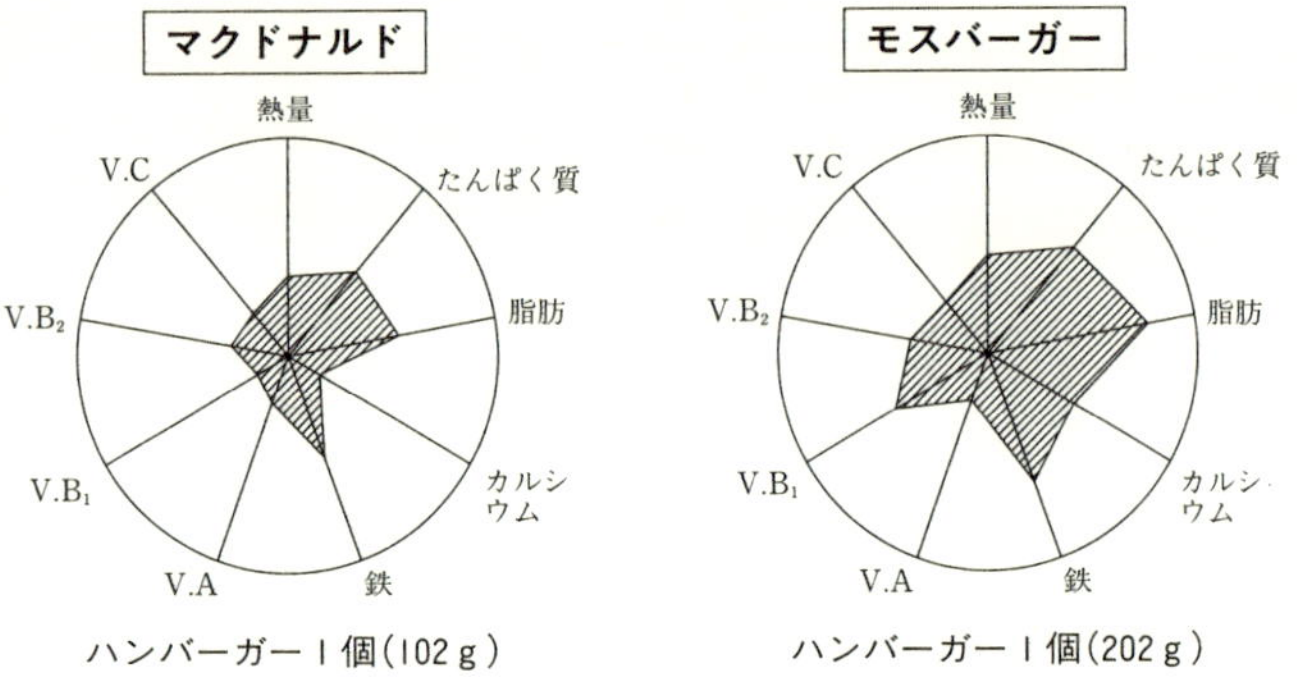

生活強度II（中等度）の16歳男子における１日の栄養所要量の1/3を100とした場合，各店のハンバーガー１個分の割合を円グラフにすると……

（出所）「ファーストフードとのつきあい方」家栄研編集委員会『食べもの通信』1995年５月号より。

の原因の一つに挙げている人もいます。

子どもや若者は、ハンバーガーが好きですが、図4のように栄養バランスにかなりの偏りがあり、動物性タンパク質・高脂肪・低繊維・低ビタミン・低ミネラルであり、「ハンバーガー、ポテト、シェイク」が常食では問題があります。栄養のアンバランスによって無気力、疲労、病気への抵抗力の低下などが心配されます。ハンバーガーを食べるなら、家庭での食事のとき魚、大豆製品、緑黄野菜、イモ類、海草、果物などでビタミン、ミネラル、食物繊維を補うことが必要です。

また最近指摘されている問題に、子どもの砂糖の過剰摂取と「キレる子」の関係があげられます。砂糖は、中学生や高校生の場合、清涼飲料や甘い菓子、菓子パン、スナックなどから過剰に摂取しており、多い例では一日四〇〇グラムも摂っていて、「急性糖尿病」で意識が混濁して、病院にかつぎ込まれた例があります。ペットボトル一・五リットルの清涼飲料には一五〇グラムもの砂糖が入っていて、これを毎日水代わりに飲んでいる子どもがいます。さらに前述のような食べ物が昼食だったりして過剰に砂糖を摂っているのです。砂糖の過剰摂取によって血糖値が上昇すると、これをおさえるためにインシュリンを大量に分泌します。こんどは急に血糖値が下がり「だるくなったり、イライラしたり、ヒドイと気を失う」こともあります。下がり過ぎると副腎からアドレナリンが分泌され、これが交感神経を刺激して興奮状態を起こし、これがときに「キレタ状態」として爆発することが考えられると言います。ヒトの体はほぼ中性に保たれていますが、砂糖の過剰摂取によって体は酸性化し、これを中性あるいは弱アルカリに戻すために体の中のカルシウムが消費されます。その結果、体の中のカルシウムは減少しこれが原因で「イライラが起きる」こともあるし、骨はやせ細り、骨折しやすくなります。

食生活と行動

食生活は人間形成の基本であり、きちんと食べる生活習慣ができていない子どもは、なんらかの問題を抱えていることが多いという話を聞きます。たとえば、長年小学校の先生をされていた人の経験では、小学生の場合、「肥満の子どもは集中力がなく飽きっぽい、やせすぎの子どもはなにかと自信がなく、偏食の子どもは、わがままなというような傾向がある」と言っています。

高橋（一九九八）は、必須栄養素の欠乏による行動への影響について報告しています。それによると、胎児期に重度の栄養不足があると、深刻な影響があり、たとえば母体でヨウ素や亜鉛が欠乏すると、生まれた子どもの脳の機能と行動に障害がでることがあります。また乳児期にタンパク質とカロリーが極度に不足すると、脳の発達に不可逆的な損傷が出たり、行動異常の原因になります。これほ

表3　ビタミン・ミネラルの欠乏と行動への影響

ビタミン B_1	・ウェルニッケ脳障害（運動失調と眼筋麻痺） ・コルサコフ精神病（記憶の喪失） ・易刺激性・抑うつ・疲労・集中困難
ビタミン B_2	・ペラグラ（不眠，記憶喪失，被害妄想重症の抑うつ）
ビタミン B_6	・乳児の欠乏では刺激過敏や聴覚過敏を伴う重症のけいれん ・精神発達の遅滞がおこる
ビタミン B_{12}	・麻痺・手足のしびれと刺激・運動失調・むら気・記憶障害・抑うつ・激昂・妄想
葉酸	・抑うつ ・運動の機能障害
カルシウム	・易刺激性 ・四肢の知覚異常・発作
鉄	・疲労・身体活動の低下・学習能力の低下・注意力の持続低下
亜鉛	・易刺激性・知覚，嗅覚の異常・情動障害
ヨウ素	・脳の発達に影響・反射作用の鈍化・不明瞭な話し方・無気力・抑うつ・記憶障害・疲労

（出所）『栄養と行動』ロビン・B. カナレック，ロビン・マークス・カウフマン著
高橋久仁子・高橋勇二 訳，アイビーシー㈱発行より家栄研作成。
高橋久仁子「食生活と行動の関係」『食べもの通信』1998年8月号より。

どでなくても、発育期に鉄分が不足すると、学習成績や行動の低下などが起きます。成人に達しても、栄養不良によって、やる気、精神的敏感さ、社会的関心などが減少するようです。必須ミネラルの欠乏によって注意力が持続せず、疲労や記憶障害、抑うつなど行動に影響します。

高校生では、ビタミン類やカルシウムの不足することが多く、このような場合精神面の安定を欠き、むら気で行動面でも影響が出ていると言われています。食のコンビニ化の急増、食の

商業化がすすみ、便利な反面問題視する考えも出されています。「子どもの心の荒れと食事の関係」が表3のようにビタミンやカルシウムの欠乏とからんでいる可能性の指摘があります（高橋）。食事がファーストフードやコンビニ中心の企業まかせは、子どもの塾通いや親の不在などの生活事情があるにしても、いろいろ心配な面があります。自炊している大学生もほとんどは、冷凍品や既成品中心であり、レトルトカレーだけとかスパゲティをゆでて缶詰のソースをかけるだけで食べているケースが多く、野菜が不足しがちです。また添加物、残留農薬、環境ホルモンの点でも心配です。

野菜好きは情緒が安定している

垣本（一九九八）は、次のようなことを主張しています。身体と精神が未分化で発達途上にある子どもでは、食は身体面だけに影響を与えるだけでなく、精神面にも影響を与え、「体はもちろん心の不調の原因が食生活に起因することが少なくない」と考えています。たとえば、野菜嫌いの子どもは情緒不安定であり、神経質な傾向があるとの調査研究を示しています（図5）。

また情緒不安定な子どもは、「苦み」を感じにくいという傾向のみられることを、報告しています。情緒の安定した子どもの方が苦みの識別能力が高く、酸味についても情緒不安定児の感度は鈍いとしています。情緒不安定というのは、イライラして落ち着かない、すこしでも気に入らないことがあるとカッとする。またなにごとにも集中できず根気がなく、時にはボンヤリしている、などがみられることです。

情緒の安定した子どもに育てるには、食生活では、塩味や旨味のきいたスナック菓子や砂糖の多く入った清涼飲料は、少なくし、薄味に心がけて野菜の苦みや酸味などを体験させることが大切である

図 5　野菜嫌いは情緒が不安定？

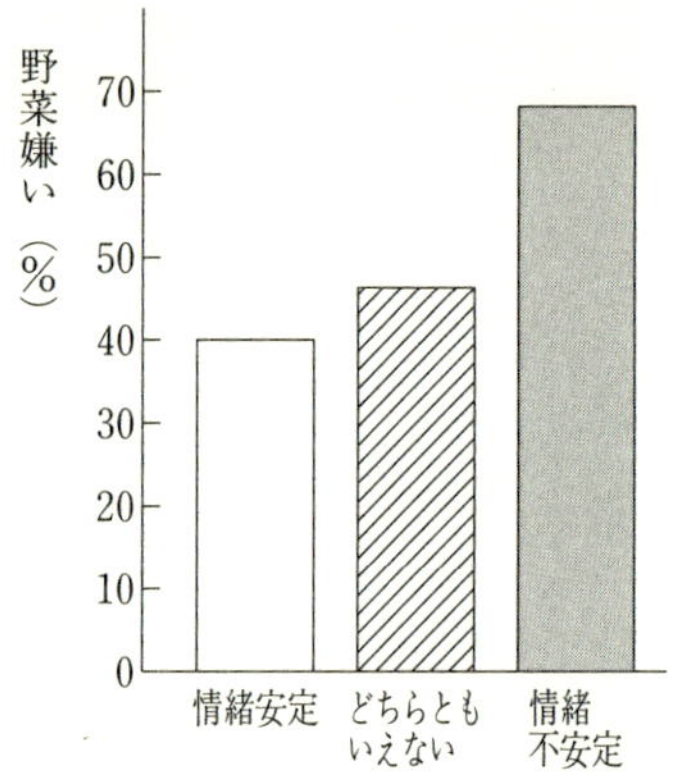

（出所）垣本充「野菜好きは情緒安定型」
『食べもの通信』1998年 8 月号より。

図 6　食事回数を制限した場合の血中コレステロール量と動脈硬化症発生頻度

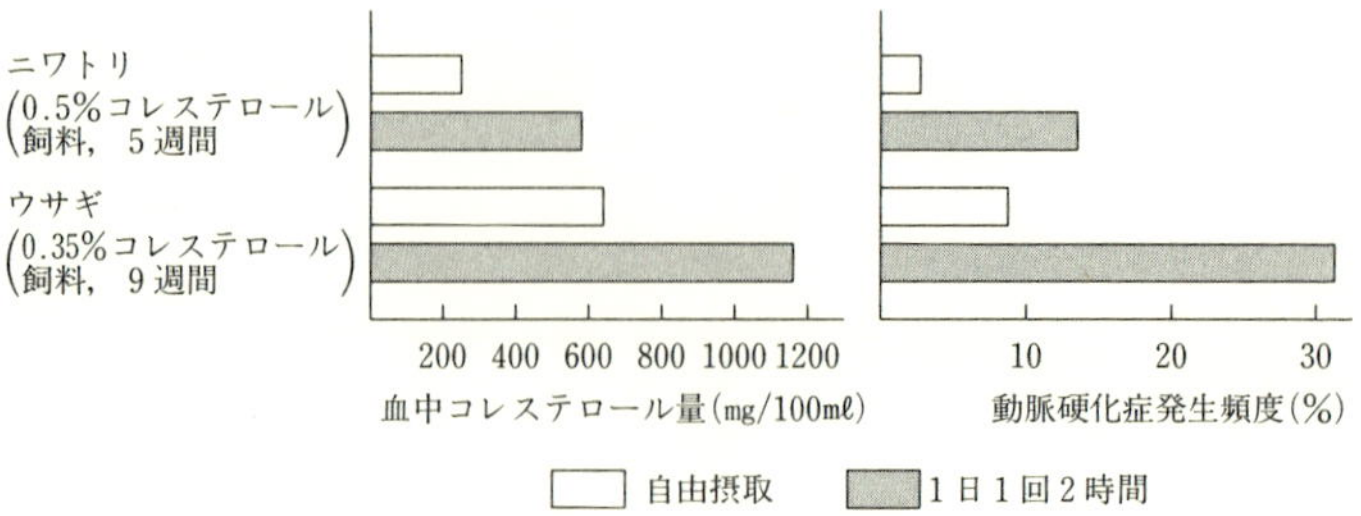

（出所）須田正己他『寿命とはなにか，ライフサイエンスにおける生命観――生と死――』共立出版（1976）より。

ことを指摘しています（垣本）。

無理なダイエットによる栄養失調

毎日トコロテン、フルーツ、ヨーグルトだけなどで一日のカロリー摂取量が千キロカロリー以下などの生活をしている女性がいます。これでは、貧血、生理ストップがおこり、体はガタガタになって、病気への抵抗力は落ち、ヒドイ場合には拒食症になることもありますし、反動で病的過食になることもあります。また極端に減食し、一日一食や絶食などの過激な食事で体重を減らす人がいますが、体の脂肪だけでなく、タンパク質まで減らし健康を害すタイプがあります。また食事回数を減らしても、食べるときにドカッと食べた場合、かえって脂肪の蓄積が起きたり、図6のように、血中コレステロールが増加し、動脈硬化症の発生頻度が増すという実験データがあります。また菜食に徹して、副食は生野菜だけの食事なども問題です。ドレッシングによって、かえってカロリーが高かったり、やせたけれども風邪をひきやすくなったなどがあります。生野菜や果物は、体を冷やす食べ物ですからこれだけを食べるのは問題があります。

3　見直されている日本の伝統食

理想的な食生活のためには、多様な食品による栄養バランスをとることが必要です。どのような食事によって、そのようなバランスがとれるのかというと、一日三〇種類の食品をとるとよいといわれています。このような食事のモデルとして幕の内弁当が上げられ、さまざまな種類の食品を組み合せた食事の工夫の必要性が言われています。

図7　各国の食事のタンパク質（P），脂肪（F），炭水化物（C）からみた栄養バランス

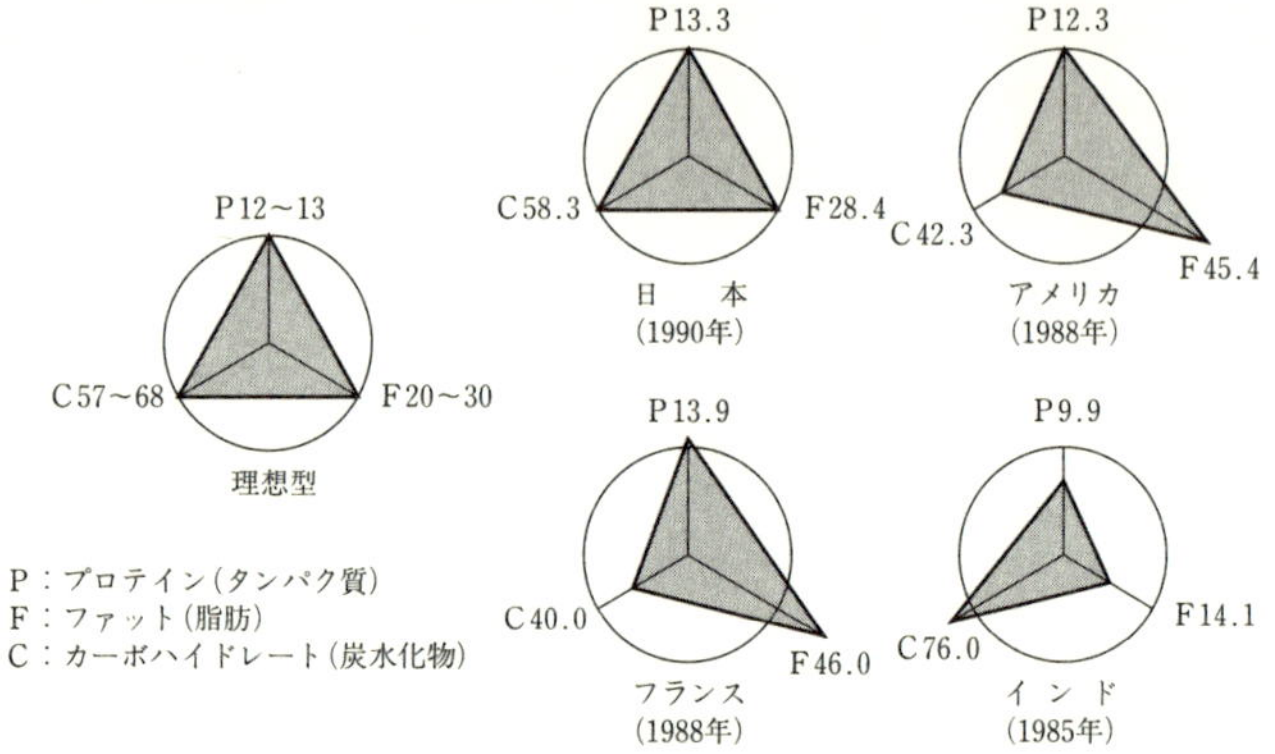

（出所）満田『米，再考』集英社（1993）より。

栄養バランスを問題にするときの一つの指標として、PFCカロリー比が挙げられます。つまりこれはP：Protein（タンパク質）、F：Fat（脂肪）、C：Carbohydrate（炭水化物）の摂取割合を比較したものです。この三つの栄養の比率が理想型に近い食事が良いとする考え方です。これによると、米食を中心にした日本の伝統的食事は、P、F、C比が正三角型であり理想的な食事であることがわかります（図7）。

日本の食糧自給率の低い理由の一つに、和食（日本食）を好む人の減少が挙げられます。つまり本来和食の素材は、日本で採れるものを調理して食べていたわけですから、日本で生産できる素材です。しかし、パンと肉および酪農製品を中心にした食事を好む人が増加しています。酪農は日本の気候風土に適していないことと、単位面積当りの生産量が低いことから、現在の嗜好にあう食事となると輸入農産物の比重が高くなります。また経済効率一辺倒の風

潮も関係して、日本でも高い割合で自給できるはずの和食の代表的素材である大豆は、味噌や醤油、豆腐、納豆の原料さえ大部分輸入に頼っています。

しかし、上述のようにＰＦＣカロリー比でみると、日本の伝統的食事の、栄養バランスの良さが欧米で評価されるようになっています。日本人の平均寿命が世界のトップである理由の大きな要因として食事が上げられます。伝統的日本食について、宮本（一九九二）は次のように指摘しています。①米および雑穀類を主食にしている。②日本の自然環境を活かした食材料（魚、豆、野菜、海草類）で、季節を尊び、新鮮さを身上とする副食をつくりだしている。③味噌、醤油、酒、みりん、納豆、塩辛、たくわん漬のような漬物類など世界有数の発酵食品の利用国である。④米食と外来の食文化をミックスし、料理の種類と幅を広げ、食卓を豊かにしてきた。但し、「一升めし」や「塩分過剰摂取」およびカルシウム不足などには反省が必要としています。米は炭水化物の他に主な成分として、良質なタンパク質、脂肪、ビタミン、ミネラルなどを含む優れた食品です。米のタンパク質は、消化吸収がよく、卵のアミノ酸を百とすると、精白米でも七八も含まれ一日の必要タンパク質の三〇％はご飯から摂れます。ちなみに、パンだと小麦のタンパク価からして四七にすぎません。このように米食を中心にした食事の良さがあります。また、日本の伝統的食べ物である、レンコン、ゴボウ、ワカメなどが、体内の悪役である「活性酸素」を消去してくれることがわかりました。この他に、新鮮な野菜や果物にも活性酸素を消去する力があります。また味噌に、血圧降下作用やガン予防効果のあることが明らかになり、注目されています。

三　環境ホルモン

1　正常なホルモンとは

ホルモンには以下に示すような性質と特徴があります。

①内分泌腺でつくられ、直接血液中とリンパに出て体中をめぐるが、各ホルモンは特定の標的組織（レセプター）にしか反応しません。②ごく微量で強いはたらきをします。③作用は即効的で、ホルモンの注射をするとすぐに効きます。④体内に注射しても、ホルモンには抗原としてのはたらきはないことから抗体をつくることはありません。⑤タンパク質系物質（タンパク質、ペプチド、アミノ酸）か、複合脂質のステロイド系物質からなり、一般に分子量は小さいという特徴があります。

＊ホルモンが働いて活性化される組織のことを標的組織（レセプター）と言います。

2　環境ホルモンとは

人工の化学物質で「外因性内分泌かく乱物質」とも言われ、動物の体の中で作られるホルモンに似た働きをする物質です。ヒトが化学合成した物質であったり、化学合成された製品そのものから発生する場合と、廃棄してゴミになったときに出てくる汚染物質のはたらきによる場合があります。環境ホルモンは、合カギのように正常なホルモンの標的組織（レセプター）と結び付き、正常なホルモンの働きを混乱させて阻害します（図8）。

図 8　環境ホルモン様物質の作用メカニズム

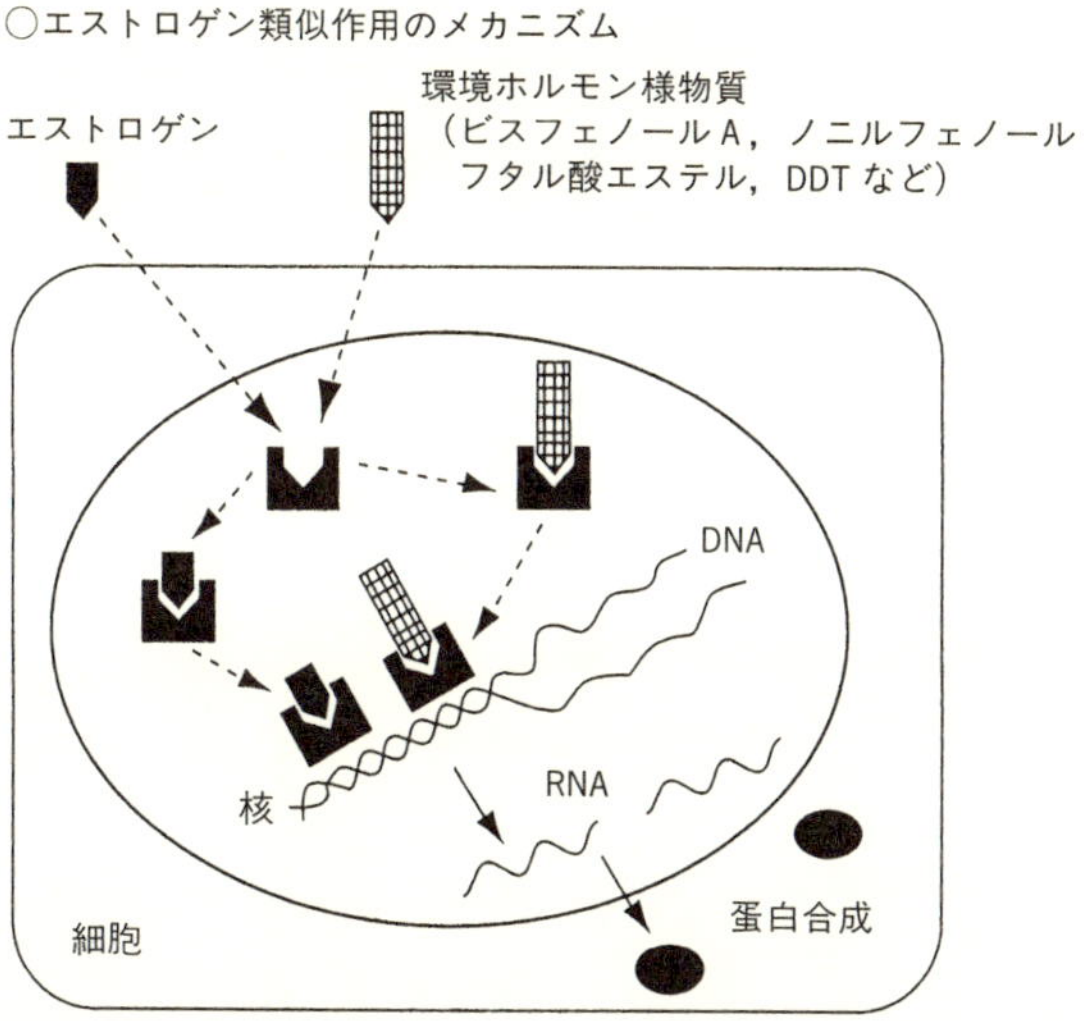

環境ホルモン様物質がエストロゲン受容体と結合することによって
エストロゲン類似の作用がもたらされる

（出所）「環境ホルモンに挑む」日経ＢＰ社医療局環境ホルモン取材班，1998より。

従来の毒性試験では見つからない「特異的作用をもつ毒性」が従来問題になっていた濃度の十万分の一、百万分の一の濃度で重大な影響を及ぼすことから、問題になっているのです。

3　どんな問題が見つかっているか

① 精子の減少の原因ではないか（デンマーク、フランスの例）。

② 女性の乳ガン、男性の精巣ガンや男性性器の異常が欧米で増加しています。

③ コイ科の魚の精巣発達異常（イギリス、日本）、米国サケ科の雄の異常が出ています。

　また米国フロリダ州のワニのペニスが、極端に小型化し交尾できずに子孫を残せない状況がみられます。

④　日本の全国沿岸で巻貝の一種であるイボニシでメス貝にペニスが発達し生殖不能になって、絶滅の危機にあります。

4　プラスチック製の容器の問題

プラスチックは安くて軽く、便利ですから大量に出回っています。ダイオキシンから見ると、塩素化合物を含むもの、特に塩ビが問題になっていますが、その他のプラスチックも環境ホルモン汚染から見ると多くの問題が出てきました。プラスチックを燃えにくくしたり、可塑性をもたせたりするため、多くの添加剤や可塑剤さらに安定剤、酸化防止剤などが使われていますが、これらの物質に環境ホルモン作用を持つ疑いのものが少なくないのです。

容器の加熱（熱湯を入れることも含め）やその他で環境ホルモンが溶出する心配や缶詰のコーティングやカップメン（急遽紙製になったものもあります）、ポリカーボネート製給食食器や哺乳瓶の問題が指摘されています。

*プラスチックで特に塩ビ（塩化ビニール）などのように塩素を含むものは焼却によりダイオキシンが発生します。そのダイオキシンの毒性は、環境ホルモン作用の面でも懸念されています。

ダイオキシン問題

ダイオキシンは、発ガン性、催奇形性、があり内臓障害、免疫異常などをもたらす、史上最強の毒物と言われています。塩素の数と位置によって七五種類の異性体があり、二個のベンゼン核を酸素で化学結合させた有機塩素系化合物で、水素と塩素の置き変わる数と位置によっていくつもの種類に分けられます（図9）。

ダイオキシンというのは正式名ではなく、ポリ塩化ジベンゾダイオキシンの略です。このように異性体が多く性質は似ていますが、毒性は大きく異なることから、最強の毒性をもつ2,3,7,8-四塩化ジ

図9　ダイオキシンの構造

5と10以外の位置に塩素原子が結合

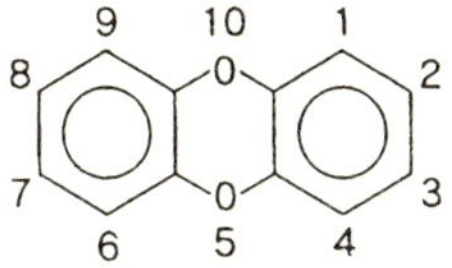

Dibenzo-p-dioxin
ジベンゾ-パラ-ダイオキシンとその結合位置

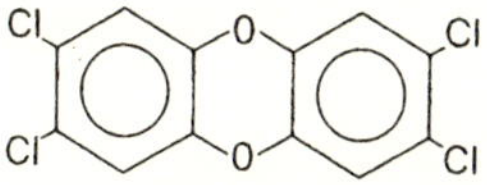

2,3,7,8-四塩化ジベンゾ-パラ-ダイオキシン

＝ベンゼン環（6つの炭素が正六角形に結合したもの）

O＝酸素
Cl＝塩素

（出所）脇本忠明『ダイオキシンの正体と危ない話』青春出版（1998）より。

ベンゾ-パラ-ダイオキシン（2-3-7-8TCDD）の毒性を規準値一として、異性体の毒性の目安にし、毒性等価で示します。

学問的には、ダイオキシン、ポリ塩化ジベンゾフラン、コプラナＰＣＢの三つをダイオキシン類と呼んでいます。これら三種は、いずれも毒性が強く、よく似た体への影響や蓄積性があります。欧米では、コプラナＰＣＢもダイオキシンに入れて許容量を決めていますが、わが国ではコプラナＰＣＢを他のダイオキシンと区別して扱っています。欧米の分け方にあわせて、ダイオキシンの異性体数をみると、二二三種類になります。日本のような区別をする根拠は、はっきりしないことから、汚染対策を考え、安全性を考えるためには欧米の区分と同様にコプラナＰＣＢもあわせて考えるべきです。

ダイオキシンについて、実験動物による半数致死量を比較したところ、表2のような結果になり、動物の種類によって影響に顕著な差がみられました。このことは、農薬の項で触れたように摂取許容量を求めるときに、どの種類の動物実験をもとにして決めるかで値に大きな差が出てくることから問題です。

ダイオキシン類の毒性は、宮田（一九九八）によると致死毒性、体重減少、胸腺萎縮・脾臓萎縮による免疫力の低下、生殖障害(不妊、流産、子宮内膜症、精子をつくる機能の低下)、骨髄障害による造血機能の低下が挙げられています。また発ガン性については、国際ガン研究機関（ＩＡＲＣ）による評価では、米国やドイツの農薬工場の従事者やベトナム戦争帰還兵の疫学調査の結果から、「人に発ガン性がある」レベルの毒物と判定されています。

ダイオキシンによる精子減少の可能性は、サル、マウス、モルモット、ニワトリなどの動物実験によって精巣の萎縮、精子をつくる機能の低下などがあらわれています。これらは、男性ホルモンをつくりだす機能の低下が主な原因と考えられています。

環境ホルモンとしての働きは、女性ホルモンを分解したり、女性ホルモンの受容体を減少させるなどの性質があり、女性ホルモンの作用をおさえるような働き方をする、と考えられています。

ダイオキシンの発生源は、かつては除草剤など農薬に由来するものが多かったのですが、現在は、都市ゴミの焼却に起因するものがもっとも多く、全体の八割近くを占めています。特に塩化ビニール、その他のプラスチック系ゴミ、塩素化合物や塩素系農薬を焼却すると発生します。

ダイオキシン汚染でもっとも心配されているのは、母乳汚染です。生態系の上位者であるヒトは、生物濃縮を考慮して蓄積濃度を考えると、水の汚染濃度より三ケタも高くなり、さらに母乳はそれより一ケタ汚染濃度が高いのです。表4のように日本の汚染濃度は、枯葉剤を大量に散布されたベトナムより高く、大阪では世界最悪です。先進工業国のドイツ、英国、オランダ、ベルギーでも高い汚染がみられました。しかし、ドイツでは九一年に容器廃棄物回避政令が導入され、ダイオキシン削減とゴミ減量対策として、容器包装材のプラスチックのリサイクルを回収責任も含め企業責任とし、塩ビの使用を政策的に減らした（処理費用を高くした）結果、急速に母乳汚染が改善されています（表カッコ内）。ダイオキシン対策は、日本がやっているような大型で高額な焼却炉につくりかえる対応をしなくても、安くて効果的な対策があるのです。

また人体汚染の原因の六割以上が、食べた魚に由来することが報告されていますが、特に沿岸魚や養殖魚であるハマチやタチウオ、アジ、ボラ、サバ、コノシロ、その他などが汚染されています。

表4　各国の母乳中のPCDD＋PCDF濃度

（1989〜1990年単位はピコグラムTEQ/グラム脂肪）

スウェーデン	16〜23	インド	6
フィンランド	16〜18	パキスタン	13
ノルウェー	15〜19	タイ	6
デンマーク	19	北ベトナム	8
オランダ	34〜40	南ベトナム	7〜32
ベルギー	34〜39	カナダ	16〜23
ドイツ	28〜32（1992：20pgに減少）	アメリカ	15〜17
イギリス	17〜29	日本（大阪）	51
ハンガリー	9〜11	日本（福岡）	24

（出所）宮田秀昭『ダイオキシン問題Q＆A』より作表。

しかし、回遊魚、遠洋魚などのサンマ、カツオ、ニシン、マグロ、トビウオ、イカ、タコなどでは汚染が低いことから、魚すべてを問題にする必要はありません。

5　農薬に由来する環境ホルモン

現在報告されている環境ホルモンは約七〇種ですが、そのうちの六〇％から七〇％は農薬です。前節でも農薬については触れましたが、環境ホルモンの観点から再度注意を促したいと思います。

流産防止剤として使われた合成エストロゲンDES（ジエチルスチルベストロール）は、天然の女性ホルモン「エストロゲン」とよく似た働きをもつ物質です。しかし六〇年代後半から、DESを使った母親から生まれた子どもたちに、様々な生殖異常の起きていることが報告されたのです。DESを処方されて生まれた女児の膣ガンと男児の睾丸のガンが、母親に使われた合成ホルモン（DES）に由来することが明らかになりました。

このエストロゲン（女性ホルモン）と類似した作用をする

化学合成物質として、有機塩素系農薬であるDDT、クロルデン、デルドリン、ジコホル、メトキシクロルなどが明らかになりました。これらの物質は、脂肪に溶けやすいことから食物連鎖を通して生物濃縮され、母親の胎盤経由で胎児の生殖系に影響する心配から、恐れられているのです。これらの農薬は、日本ではすでに使用されていませんが、過去に使用した負のツケが何十年も問題になりますし、依然として使用している国もあり、輸入農産物の残留農薬として入ってきます。これらの残留期間の長い農薬類は残留有機汚染物質として、地球規模で生態系を汚染し続けます。日本では過去の農薬であるDDTやBHCが東南アジアを中心にして高濃度で検出されています。また、日本でもBHCに由来するHCHによる汚染がみられます。

ダイオキシンを排出するには

ニンジン、カボチャ、ホウレンソウ、トマトなどの緑黄色野菜、食物繊維の多いダイズ、アズキ、アワ、ヒエやムギ、ソバなどの穀類、トウモロコシ、ゴボウ、キャベツ、ダイコンを食べると、食物繊維がダイオキシンを排出します。このことは、福岡県保健環境研究所の森田邦正の実験で示されました。ネズミにセルロースや米ぬか繊維を加えて与えると、フンに混じって排出されるダイオキシンは、コントロール区に比べておよそ二・七倍にもなりました。またクロレラやクロロフィリンを〇・二％加えると、排出が三・二倍に増えたと報告されています。ダイオキシンは土にも含まれますが、表面に付着している可能性もあることから、よく洗って食べるべきです。ここで示した食べ物は、大腸ガン予防にもよいと言われるものであり、積極的に食べるとよいようです。

参考文献

安東　毅「輸入米の安全性を考える」福岡県自治体問題研究所・日本科学者会議福岡支部編『コメ問題を学ぶ』自治体研究社、一九九四年
天笠啓祐『環境ホルモンの避け方』コモンズ、一九九八年
井口泰泉『生殖異変』かもがわ出版、一九九八年
宮田秀明『宮田秀明のダイオキシン問題Q&A』合同出版、一九九八年
河村　宏編著『農薬と環境ホルモン』反農薬東京グループ、一九九八年
家庭栄養研究会『食べもの通信』食べもの通信社、(月刊誌)
河内俊英『動物の生態と環境』共立出版、一九九六年
宮本智恵子『新食生活と健康』(日本科学者会議編)大月書店、一九九二年
長山淳哉『しのびよるダイオキシン汚染』講談社、一九九四年
大重幸彦「税関の現場からのレポート」福岡県自治体問題研究所・日本科学者会議福岡支部編『コメ問題を学ぶ』自治体研究社、一九九四年

VII 中国の一人っ子政策

小竹一彰

はじめに

これまでは、現代世界に共通する、とりわけ現代日本に存在する子どもに関わる問題を、主に法律的角度から取りあげてきたと思います。今日は、中国の子どもをめぐる問題を日本との比較で取りあげます。

私は主として中国政治、あるいは中国現代史を研究しているので、中国の子どもをめぐる問題や、それに関わりの深い人口問題、女性問題、社会問題などは専門ではありません。しかし、中国政治を専攻する私にとっても、これらの問題は長期的な動向からばかりでなく、短期的な角度からも関心を持たざるをえない問題です。なぜなら、一人っ子政策はすぐれて政治的な問題として導入され、維持されてきたからです。また、一人っ子政策がもたらす長期的結果は今後の中国政治に大きく影響すると予想されるからです。それに、このテーマは、私がここ十年余り取り組んできた中国の改革・開放時代の研究の一環と位置づけることもできます。

なお私の個人的な事情もあげると、子を持つ親の一人としても中国の一人っ子政策に対してさまざまな感想をいだかざるをえません。親になる以前もいろいろと考えたこともありますが、やはり身近に子どもがいるようになると切実に考えるようになります。

これから進めていく中国の一人っ子政策についての議論をお聞きになると、私の中国に対する批判が手厳しいと思われ、それなら日本の方がましだと感じられるかもしれません。だが、こういう安易な日中比較を行う意図はありません。むしろ、現在の中国の一人っ子政策を、日本をふくむ世界で子どもがおかれている状況、とりわけ極限的状況をあぶりだしていく手がかりとして取りあげるのが、私のねらいです。

なお、日本には一人っ子政策の内容に対する詳細な研究業績があります。特に、この章の末尾に掲げる中国人口問題の研究者、若林敬子の業績が代表的なものでしょう。私が以下に行う議論は、若林を初めとする多くの方々の研究に依拠しています。この点は事前にお断りしておかなければなりません。

一　一人っ子政策が出現した背景

まず、一人っ子政策が一九七〇年代末に登場した社会的・政治的背景から検討していきます。それには、この時期に中国がどのような社会的・経済的状態にあったかを確認する必要があります。中国でも、他の国々と同じく、人口の変化は政治や経済や社会の変化を投影する鏡と言えます。しかも、一人っ子政策は中国の人口問題に対処するために出現したのですから（後述）、中国の人口の変化を軸に検討すべきでしょう。

一九四九年に中華人民共和国が成立してから現在までの中国の人口変動を通観すると（参照、図1：中国の人口ピラミッド）、ひとつの短期的な例外を除けば、大きく二つの時期に分けることができます。人口が大幅に増加してきた一九七〇年代末以前の三十年間と、これから取りあげる一人っ子政策の実

図１　1990年センサスの人口ピラミッド（10％サンプリング）

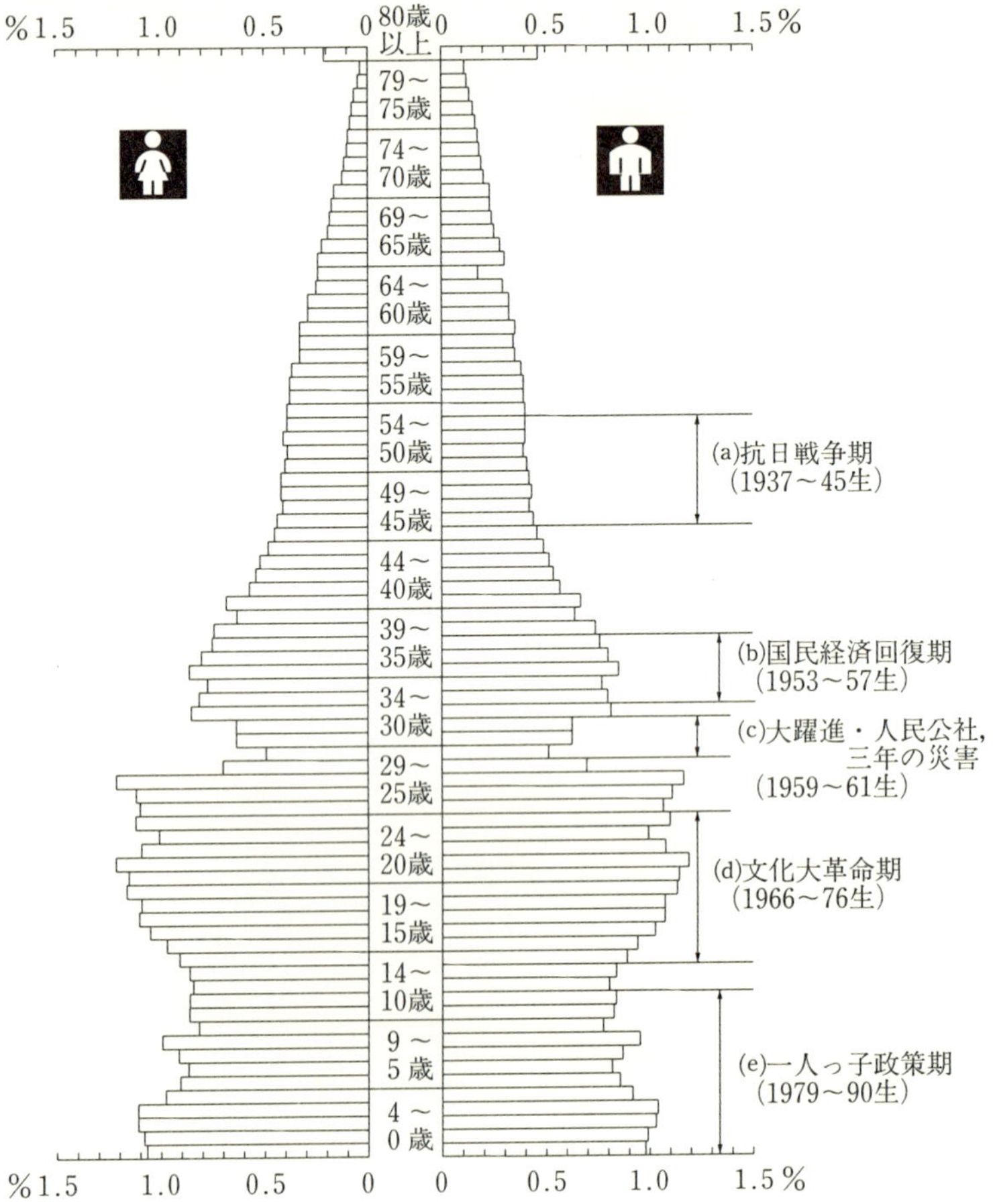

（資料）『中国統計年鑑1991』91頁
矢吹晋『［図説］中国の経済』蒼蒼社，1992年，17頁より引用。

施により人口の増加が抑制されているそれ以後の期間です。したがって、第一の時期の大幅な人口増加により、第二の時期に人口増加の抑制を迫られ、一人っ子政策を実施することになったという推測が成り立ちます。

第一の時期には、中国のあらゆる政策は毛沢東という一九七六年に死ぬまで最高指導者だった人物の考え方によって方向づけられてきました。中国の子どもに関わるさまざまな政策、また人口増加に対する方針についても同様でした。人口に関する毛沢東の考え方は「口は一つだが、手は二つ」と強調したことに象徴されています。この発言には、食糧を消費する口はひとつだが、生産的な仕事を行う手はふたつあるから、人口が増加してもそれ以上の物資を生産できるという発想が認められます。つまり、人口を、資源を食いつぶす要因としてよりも、資源を生みだす源泉と見なす人口資源論に毛沢東は依拠していました。簡単に言えば働き手が多ければ多いほどいいというわけで、経済学的には労働集約的な考え方が強かったと言えるでしょう。

当然、この時期にも中国の天然資源と生産できる物資の量から判断して人口のむやみな増加は中国社会の存続にとって危険だという考え方も存在していました。人口の変化に対する人為的調節を図ろうとするという方向で、人口抑制論と言えるでしょう。しかし、毛沢東はこの立場を鮮明に打ち出した馬寅初を批判して社会的に葬ってしまいました(一九六〇年)。こうして人口の増加を奨励する毛沢東の鶴の一声に正面から反対することは不可能になりました。人口増加の奨励とは、とりもなおさず出生数の増加を意味します。したがって、毛沢東の時代は「生めよ殖やせよ」の時代だったと言えるわけです。

出生率の上昇は、単に最高指導者が人口の増加を直接的に肯定した結果だけに拠ったわけではありません。それは一九五〇年代後半から中国で採用された都市と農村を厳格に区別する住民管理政策の産物でもあったと思われます。戸籍（中国では「戸口」と言います）制度により農村から都市への人口移動を極度に制限することが現代中国の住民管理の基本でした。この政策のもとで都市住民は衣食住のすべてにわたって生活を保障され、農民は生活に必要な物資を自給するうえに都市住民の生活に必要な物資を提供しなければなりませんでした。現代中国は人が都市と農村のどちらに生まれたかが烙印のように一生つきまとう社会でした。都市人口の急速な増加がもたらす過大な社会的・経済的負担を回避するために採られた政策でしょう。

この住民管理がどうして出生率の上昇をもたらしたかというと、都市住民に対する配給は一人ずつに割り当てられたのです。都市の人口が増えれば、その増加分だけ配給を増やすことになります。個々の世帯のレベルで配給をより多く受けるには、子どもの数を多くするのがもっともありふれた方法でしょう。こうして、都市住民を優遇する配給制度が都市で出生率を上昇させることにつながっていったと考えられます。また、差別された農村でも農民が出生数を増やそうとしました。農業に必要な生産手段の不足を補う労働力として、子ども（特に、男子）にも期待していたからです。都市に対する圧倒的格差をわずかでも補足するために、農民は子どもにまで頼ろうとしたのです。なお、成長した子は老後の親を扶養しなければならないという中国で古代から強い倫理観も、出生率の上昇を促したでしょう。この点はしばしば指摘される論点ですが、否定することはできません。

毛沢東の人口を資源と見なす立場や中国共産党の都市と農村を厳格に区別する住民管理政策が出生

率を上昇させ子どもの数を増やすのに貢献したことは、否定できません。特に毛沢東が唱えた人口資源論はしばしば彼の生涯の最大の失策だと評されます。間違った評価とは言いきれませんが、毛沢東個人を責めるばかりでなく中華人民共和国が成立した当時の歴史的・社会的事情を考慮する必要もありそうです。

まず、一九四九年の中華人民共和国の成立は百年余り続いた中国の内乱と侵略に覆われた時代が終わりを告げたことを意味します。おそらく当時の中国人が誰も経験したことのない社会の安定した時期が到来しました。しかも、これまでは飢餓線上で生活していた働く人々に、客観的に言えばわずかなものでしたが、中国共産党は生活の基盤になりうる資産を配分したのです。最低限でも生活が安定した人々は、当然、家庭を作るようになりました。こうして、第二次世界大戦後の日本でもそうでしたが、一九五〇年代前半の中国にはベビーブームが訪れたのです(再び参照、図1：中国の人口ピラミッド)。中華人民共和国の成立後に発生した出生率の上昇には、毛沢東のような最高指導者の奨励ばかりでなく、普通の人々のごく自然な行動も作用していたと見るべきでしょう。

しかも、当時の中国経済は低開発もしくは発展途上の水準にありました。こういう経済では一般に投入する労働力が多ければ多いほど産出が増大します。前にあげた用語をくりかえせば、中国の経済には労働集約的な性格が強かったわけです。したがって、生産量を増やすもっとも単純な手段は労働力を増加させることです。人口の増加につながる出生率の上昇は、このように当時の中国の経済水準においてきわめて自然な手段でした。一九五〇年代前半のベビーブームは経済的側面からも促進されたと考えられるわけです。毛沢東が人口の増加を奨励したのも、中国経済の労働集約的性格を直観していたからだったように思われます。

しかし、一九五〇年代前半の人口増加が最高指導者のよびかけだけで発生したのではないという私の指摘は、毛沢東の責任を免罪する意図からのものではありません。中国の人口の変化に深刻な影響をあたえ、そのために中国の子どもたちの未来に計りがたい損失を招いたのは、まさに毛沢東その人の責任でした。

すでに掲げた図1：中国の人口ピラミッドを見ても、一九五〇年代末から一九六〇年代初めにかけて出生数の異常な減少が発生したことがわかります。そもそもの原因は、一九五八年に毛沢東が大躍進という急激な経済発展の実行を呼びかけたことにあります。これは直接には中国の経済力を一刻も早く当時の先進国並みに強化し、彼が理想社会だと考えていた共産主義社会を速やかに実現しようとしたためでした。毛沢東一人でなく、中国共産党のほとんどの指導者たちが、こういう野望を持ちました。しかし、その結果、異常な事態が発生しました。たとえば、毛沢東が中国の経済力の強化にもっとも必要だと考えた鉄鋼生産の増大のために無数の農民まで動員されたために、農業がおろそかになってしまいました。収穫できるはずの農作物が放置されて立ち枯れていったのです。こういう事情で食糧不足が深刻になっていきました。それでも、動員された農民たちが生産した鉄鋼が使えるものだったら救いはあったのですが、実際にはまったく役に立たない品質の悪いクズ鉄ばかりだったようです。資源と労力を浪費し、食糧は極度に不足するという状況が発生しました。

これでは飢饉が発生して当然です。飢饉が発生すれば、すでに生まれていた人々が社会的弱者から死んでいくでしょう。大躍進という無謀な経済発展による餓死者の数を中国は公表していませんが、

図2　人民共和国成立後の人口動態の推移（1949～1993年）

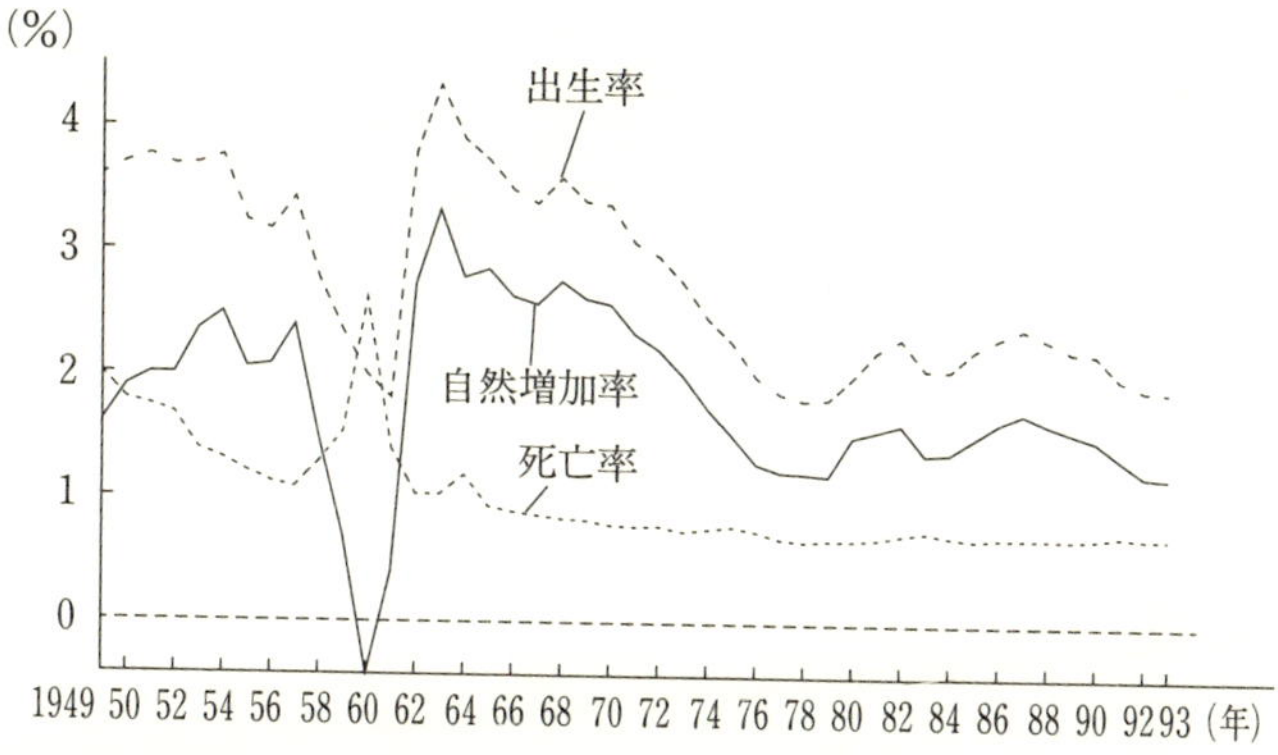

（出所）『中国統計年鑑』1993年版より作成。
若林敬子『中国　人口超大国のゆくえ』岩波新書，1994年，35頁より引用。

最低一千万人から最高四千万人までに達したのではないかと外国の専門家は推定しています。問題は大量の餓死者が出現しただけではありません。出生率が一九五〇年代のペースであれば当然生まれたであろう子どもたちが生まれなかったわけです。図2：人口動態の推移はこういう事態を鮮明に表現しています。一九六〇年を中心に死亡率が出生率を上回るという異常な事態になっていたことがわかります。こういう現象は、戦争中か敗戦直後でもなければ、普通は起きないはずです。それが、平和になったはずの中国で一九五〇年代末から数年の間に発生したわけです。一国の指導者が実行した政策が人々の生命にこれほど深刻な影響をおよぼしたことは、歴史的にも稀ではないでしょうか。

　毛沢東は、大躍進の復活を意図して、さらに一九六〇年代後半から文化大革命を発動します。ただ、この時は大躍進の失敗を多少は反省して大規模な飢饉を発生させないように配慮しました。その代わりに、十代の青少年をいわゆる紅衛兵として文化大革命の推進というみずからの政治目的のために利用しました。政敵を倒すという最初の目的を達成すると、彼は青少年たちを内陸の農村へなかば強制的に派遣しました。青少年たちの境遇は、最高指導者の方針の変化によって翻弄されたのです。

二　新しい政策への転換

毛沢東は一九七六年九月に死にます。しかし、これまで整理してきたことから明らかなように、彼の子どもに関わる政策はその前から破綻していました。当然、彼の政策全体が同じように効果をあげられなくなり、弊害がめだつようになっていました。そこで政策の転換が必要になりますが、それが行われたのは彼が死んでさらに一年余り経った一九七八年末からでした。転換した政策のなかでは、経済面で目に見える効果のあがるような現実的路線が代表的なものでしょう。具体的には、現実的路線の障害になる体制を改革し、現実的路線のために鎖国状態から中国を開放する「改革・開放」政策にやがて集約されていきます。そして、一人っ子政策もこういう現実的路線の一環として登場したのです。

では、こういう政策転換の基本的特徴は何でしょうか。ひとことで表現すれば、gross 重視から per capita 重視への転換と言えます。gross 重視とは、総生産量の重視という意味です。たとえば惨憺たる結末に終わった大躍進の開始当初、中国全土の鉄鋼生産の総量で先進国に追いつき追い越すことが

図3－1　主食飼料の１人当たり量（籾付）

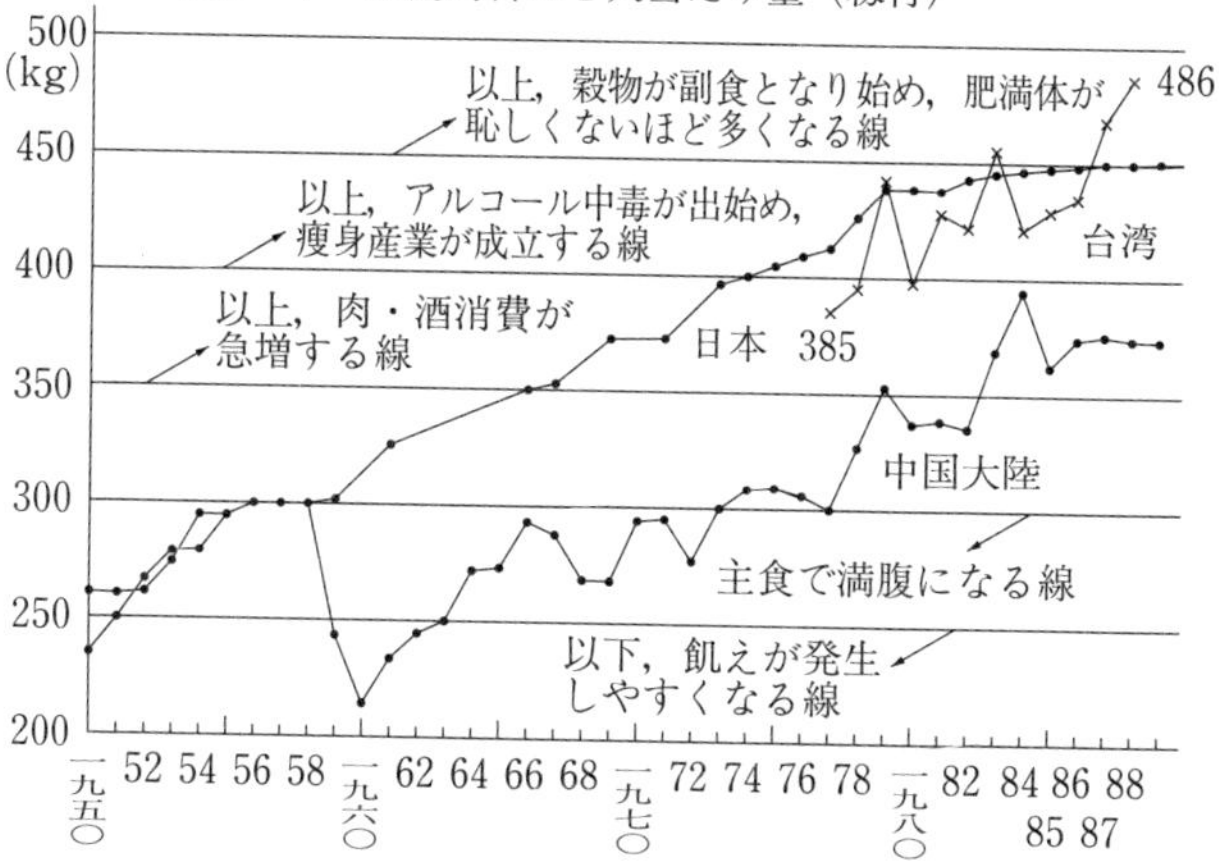

図3－2　１人当たり年肉消費量

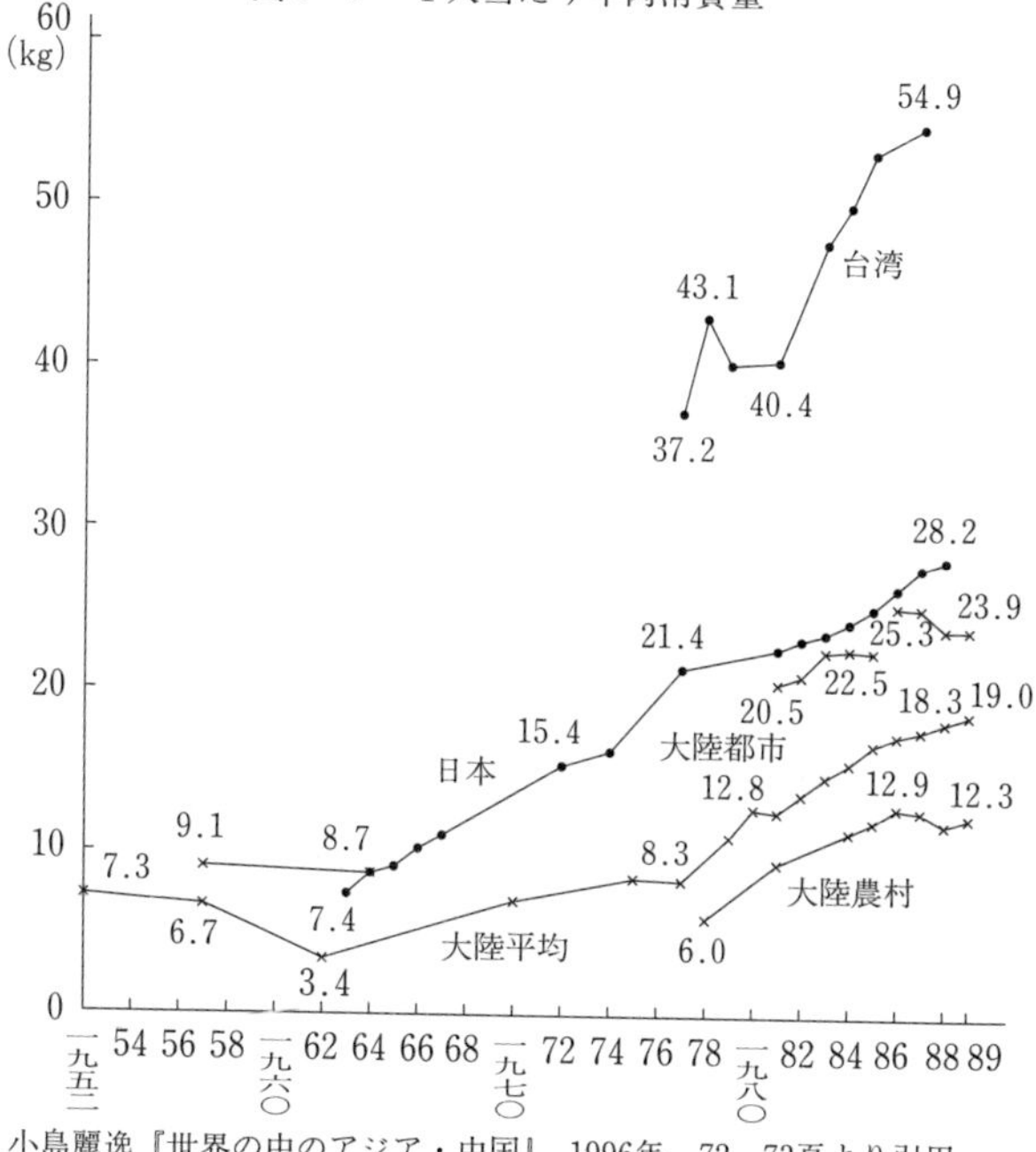

小島麗逸『世界の中のアジア・中国』，1996年，72，73頁より引用。

社会主義体制の優越性を証明する重要な政治的目標だと位置づけられました。これがgross重視の典型的な実例ですが、これには見過ごしがちな問題点があります。図3として掲げた主食飼料の一人当たり量および一人当たり年肉消費量を見れば明らかですが、総生産量がいくら増えても人口がそれ以上の歩調で増えれば、食生活の水準には変化が見られなくなるのです。つまり、人口の増加が総生産量の増加を食いつぶす状況になってしまいます。こういう状況がほとんどあらゆる分野で少なくとも二十年間にわたって続いてきたのです。

これを何とかして食い止め、できれば逆転させるための基本方針として提起されたのが、per capitaを重視する考え方です。per capitaとは一人当たりという意味ですから、この考え方を実現するには二つの方向がありうるでしょう。ひとつは、人口の増加を上回る経済発展を達成しようとする方向です。投入した労働力に比例して生産量を増大させるのではなく、労働生産性それ自体を向上させようとするのです。一九七〇年代末から始まったと言われる「改革・開放」路線により、不合理な経済管理体制を改革し、外国から先進的な技術を積極的に導入する対外開放を進めたのは、まさにこの方向です。これにより、中国経済を労働集約的な体質から技術集約的な性質へ転換させようとしてきたのです。ただし、膨大な人口を抱えた発展途上の中国が技術集約的な経済へ急速に転換するのは困難ですし、機械化や自動化により失業者が激増する危険もあります。

そこで、もうひとつの方向が登場します。一人当たりの量を増やすには分子を大きくする以外に、分母を減らすという方法もあります。この場合には、分子としての生産量の増大とともに、人口という分母の増加を抑制しようというやり方です。一人っ子政策は人口の増加率を大幅に低下させる手段として採用されました。したがって、一人っ子政策は当初から、中国経済の技術集約化により労働生産性の向上を図る「改革・開放」政策と相反するものではなく、その不可欠の一部だと見なされていました。両方の政策がほぼ同時に開始されたことは、両者の一体性を明示するものでしょう。

ただ、資源利用の角度から見ると、両者に不一致の側面が存在していた可能性を指摘できます。中国経済の高度成長を目指した「改革・開放」政策の前提には、資源の無限性が想定されていたと考えられます。そうでなければ、日本などの西側先進国や台湾・韓国などの新興工業地域の後を追いかけようという政策が出現するはずはないでしょう。ところが、一人当たりの利用可能な資源に限界があるという条件下で生活水準を向上させるには人口増加を抑制すべきだという考え方が、一人っ子政策の前提に潜んでいたと想定することもできます。しかし、このありうる不一致は「改革・開放」政策および一人っ子政策の開始時には意識されなかったし、現在もほとんど意識されていないようです。中国が利用できる資源の有限性、ひいては地球上の資源の有限性を多くの中国人が自覚すれば、この不一致がやがて表面化するかもしれません。

三　一人っ子政策の実施をめぐる問題点

一人っ子政策は、前節で指摘した特徴をもつ政策転換の一環として一九七九年に始まりました。これからはその後の一人っ子政策の推移を時系列的に紹介するよりも、その実施に際して生じた幾つかの問題を指摘します。一人っ子政策の実施に関わる主要な経過は若林敬子の『中国　人口超大国のゆくえ』（岩波新書、一九九四年）の巻末に掲載されている「人口問題・政策関連年表」に記載されていますから、参照してください。

まず、一人っ子政策の始まり方に注目したいと思います。この政策が毛沢東時代の人口政策に対する実質的な批判だということは、前節で説明しました。つまり、一人っ子政策の開始は政策の内容における非毛沢東化を意味していたわけです。この点は「改革・開放」の時期に着手された他の政策と共通していました。それと同時に、政策を実施に移す手順においても毛沢東時代と異なるやり方を採ったことに注意したいと思います。毛沢東が最高指導者だった時代には、彼の鶴の一声で新しい政策を採用するのが普通のやり方でした。ところが、一人っ子政策の開始は違います。一九七八年十一月に北京で開催された第一回全国人口理論科学討論会で人口の増加を抑制する必要が指摘された後、十二月に天津市医学院の四十四名が一人っ子政策を提案しました。これを承けて、翌一九七九年一月に国務院（中央政府）の全国計画出産弁公室主任会議で一人っ子政策の具体化を検討し、二月に天津市で最初に実施され全国へ急速に普及しました。つまり、一人っ子政策は新しい最高指導者になりつつあった鄧小平のような有力政治家の上意下達で開始されたものではなかったのです。彼らが直接間接に同意していたから実施できたことは間違いありませんが、一人っ子政策を実施しようという社会的な気運の盛り上がりを重視していたようです。

したがって、一人っ子政策の開始は、政策内容と政策手順のどちらにおいても毛沢東時代からの離脱を意味していました。

次にとりあげるのは、実施に移された一人っ子政策が「改革・開放」のために着手された他の政策とどういう関係にあったかです。この問題をほぼ出現した順番にとりあげます。

まず、一九八〇年代前半の農業政策との関連が問題になります。中国ではこの時期に集団農業を実質的に解体して農家の個別経営を認めるようになりました。これは中国では「農業生産責任制」とよばれていますが、実質的には中国の農村で長らく営まれてきた家族労働を中心にした農業経営の復活でした。投入する労働量に比例して生産が増大するという例の労働集約的な性格のきわめて濃厚な農業が再評価されたのです。したがって、個々の農家は労働力としての子ども（特に男子）の数を増やした方が有利だと判断するので、出生率を増加する方向へ向かいます。こういう農業政策へ転換したまったく同じ時期に、一人っ子政策も開始されたわけです。

しかも、どこの国でも新しい政策を採用した当初はできるだけ真剣にその政策目標を実現しようと努力します。一人っ子政策を開始した当時の中国もまさにそうでした。つまり、単に人口の増加を抑制するというよりも、その実質的な減少を比較的早く実現させようとしました。その結果、一人っ子政策をかなり強引に実行したわけです。これは、当然、農業における小規模な家族経営の復活にもとづく家族労働力を増加させようとする要請と対立します。政府による家族農業の重視は出生率を上昇させる効果を持ち、一人っ子政策の忠実な推進は出生率を低下させる方向へ作用したはずです。こういう相反する影響が短期的に反復したのではないかと思われます。すでに掲げた図1や図2の一九八〇年代前半の出生状況からもうかがえるように、この時期の出生率が毎年かなりの増減を繰り返したのはこういう事情からだったと思われます。

結局、一九八四年頃になると、開始当初のような厳格な一人っ子政策を緩和せざるをえなくなりました。生活の向上をめざす農民の強い意欲に対して、中国の共産党と政府が妥協をはからざるをえなくなったと言えるのではないでしょうか。

次に取りあげる時期は一九八〇年代後半、特にその末頃です。この時期まで十年近く進められた「改革・開放」の結果として中国経済はかなり大幅に発展しました。経済が発展すれば、どこでもカネ、モノ、情報ばかりでなく、ヒトの移動も活発になります。あるいは、カネ、モノ、情報、ヒトの移動を活発にしなければ経済は発展しないと言った方が正確かもしれません。中国でも経済の発展にともなってヒトの移動を緩和せざるをえなくなりました。こうして、特に一九五〇年代後半から戸籍制度によって厳格に制限されてきた中国国内の人口移動を徐々に容認することになりました。人口移動が活発になれば、各世帯が一個所に長い間とどまる可能性は減少するでしょう。こういう現象は、一九八〇年代末には「盲流」と言われ、一九九〇年代になると「民工潮」と改称されるようになった内陸農村地域から沿海都市地域への大規模な出稼ぎの動きに象徴されています。

ところが、一人っ子政策は夫婦一組が持てる子どもを一人に制限しようとするので、各世帯が頻繁に移動しない方が管理は容易でしょう。「改革・開放」政策にもとづく経済発展が一人っ子政策の実施を容易にする社会的・行政的条件を減らしていったわけです。活発化する人口移動と一人っ子政策を両立させる最適の方策を、中国はいまだに見つけだしていないと考えられます。なかでも、「盲流」や「民工潮」のような出稼ぎは貧しさのために発生するので、政府当局の管理に違反してでも労働力としての子どもの数を増やすのも当然です。その狭間に発生しているのが、中国語で「黒孩子」と表記される戸籍に登録されていない子どもたちの存在です。その数については不明瞭ですが、中国政府の不十分な集計の結果によっても一九八二年から八年間に限っても最低一、五〇〇万人以上に達するということです。この限られた期間だけをとっても、おそらくこれ以上の子どもたちが政府の保護を受けずに成長してきていたわけです。一九九〇年以降も戸籍に登録されない子どもたちが生まれ、成長しつつあると考えるべきでしょう。

最後に、一人っ子政策の実施における地域的な格差を取り上げたいと思います。これについては、若林敬子が作成した「地区別の合計特殊出生率と出生性比」という表を参考にしたいと思います。この表を見れば、経済的に発展し都市化が進行している沿海地域ほど一人っ子政策を遵守していることは一目瞭然です。その原因としては、まずこういう地域に対しては政府のコントロールが強く働いていることがあげられます。また、消費生活のための出費が多くなるので、家庭で何人もの子どもを育てるのが経済的に困難になるという事情も指摘できます。さらに、実際にこの地域の中国の家庭を訪問してみるとよくわかるのですが、住宅がきわめて狭いので何人もの子どもが両親とともに住むことはまず無理です。つまり、この地域で一人っ子政策が遵守されているのは政府の政策が効果を発揮したという面だけを強調できないと思われます。

これに対して、内陸の経済的に貧しい地域では一人っ子政策をあまり遵守していないということになります。生活水準の低いこの地域では、家計を助ける労働力として期待できる子どもを増やそうという心理が働いていると思われます。かつて中国全体が貧しかった時代の多子傾向が依然として続いていると見なしてもさしつかえないでしょう。

問題はこの地域格差が短期間で縮小する可能性があまりなさそうだという点にあります。中国では

位別（1989，％）		1人あたり農工業総生産（元/人）	都市(城鎮)の比率(1990,％)	千人中初中以上教育程度の人口(人)	少数民族の人口比(1990,％)
第2子率	多子率				
31.2	19.3		26.24	328	8.04
7.3	0.7	12,350	66.14	576	0.46
24.2	4.1	7,420	73.22	585	3.82
22.4	5.6	8,026	68.20	498	2.28
22.1	4.0	4,565	51.40	458	15.62
28.8	10.1	2,764	42.83	411	10.21
23.5	5.0	3,901	30.58	316	0.51
27.2	9.4	2,755	49.28	422	5.65
27.0	10.9	4,635	22.59	370	0.23
34.1	16.8	3,026	26.80	331	0.60
34.4	21.9	2,121	26.68	383	3.83
32.7	25.8	1,738	20.65	351	0.47
29.3	9.9	1,565	19.74	279	4.56
35.4	19.4	2,495	29.64	339	3.96
32.2	14.6	1,736	35.53	369	19.38
35.6	16.9	2,267	17.91	328	3.93
34.6	22.6	1,705	15.15	345	1.18
31.9	21.4	2,413	22.67	258	1.54
33.3	22.8	1,553	20.81	251	8.30
32.0	24.4	1,635	20.87	272	0.27
32.1	19.2	1,772	17.66	257	0.57
35.0	19.5	1,705	17.36	314	7.78
30.2	29.1	3,645	38.92	330	0.56
28.2	33.1	1,620	20.59	336	17.01
32.5	23.6	1,254	14.74	187	33.39
21.1	44.3	2,125	32.98	335	62.42
27.8	27.7	1,723	25.28	269	42.10
33.5	26.4	1,299	15.42	268	39.08
30.4	28.9	1,756	28.46	312	33.25
26.1	33.7	1,057	20.05	204	34.69
20.3	53.8	764	18.06	72	96.30

若林敬子『中国　人口超大国のゆくえ』，岩波新書，1994年，42～43頁より引用。

表 地区別の合計特殊出生率と出生性比

		合計特殊出生率		合計特殊出生率の1981-89間の差(人)	出生性比 1989・90上半期	出生順
		1981	1989			第1子率
	全国	2.584	2.253	−0.330	111.4	49.5
1	上海	1.316	1.344	+0.028	104.4	92.0
2	北京	1.589	1.332	−0.257	106.2	71.7
3	天津	1.645	1.661	+0.016	110.6	72.0
4	遼寧	1.773	1.505	−0.268	110.1	73.9
5	吉林	1.842	1.806	−0.036	108.1	61.1
6	浙江	1.982	1.404	−0.578	117.8	71.5
7	黒龍江	2.062	1.713	−0.349	107.4	63.4
8	江蘇	2.076	1.939	−0.137	114.5	62.1
9	山東	2.104	2.124	+0.020	116.0	49.0
10	山西	2.385	2.461	+0.076	109.7	43.7
11	陝西	2.394	2.705	+0.311	111.1	41.5
12	四川	2.434	1.758	−0.676	111.5	60.8
13	湖北	2.445	2.496	+0.051	109.5	45.3
14	内蒙古	2.621	1.967	−0.654	107.4	53.2
15	河北	2.650	2.331	−0.319	112.3	47.4
16	河南	2.651	2.897	+0.246	116.6	42.8
17	福建	2.717	2.362	−0.355	110.5	46.7
18	甘粛	2.728	2.340	−0.388	110.3	43.8
19	江西	2.790	2.460	−0.330	110.6	43.7
20	安徽	2.799	2.511	−0.288	110.5	48.7
21	湖南	2.833	2.397	−0.436	110.5	45.5
22	広東	3.283	2.512	−0.771	111.8	40.7
23	海南	—	2.932	—	115.6	38.7
24	雲南	3.814	2.588	−1.226	106.8	43.9
25	新疆	3.883	3.157	−0.726	103.7	34.6
26	青海	3.927	2.468	−1.460	104.6	44.5
27	広西	4.103	2.727	−1.376	117.7	40.1
28	寧夏	4.120	2.614	−1.506	110.0	40.7
29	貴州	4.355	2.963	−1.392	101.8	40.3
30	チベット	—	4.222	—	103.0	25.9

(出所) 1982・1990年人口センサス結果，出生性比は89および90年上半期の数値。李咏華「論八十年代中国婦女生育水平的変化」中国1990年人口センサス北京国際会議討論会論文，92年10月を一部参照した。チベットは81年値なし。海南の81年値は広東に含まれる。

一九八〇年代に条件の備わった地域から先に豊かになっていいという「先富論」を肯定してきました。地域格差がとりあえず拡大することに目をつぶっても、経済発展を優先させようと考えたわけです。一九九〇年代に入ると中国政府は確かに内陸開発に力を注ぐようになっていますが、経済発展の基礎的条件が整った沿海地域の方がそれ以上に急速に成長しています。沿海と内陸の相対的格差が簡単に縮小すると判断できません。そうなると、「貧乏人の子沢山」という状況は内陸でこれからも改善されそうもないということになるでしょう。

経済発展を最優先の目標にしている「改革・開放」政策は、このように一人っ子政策を促進するばかりでなく、むしろその障害になっている側面もあるわけです。それだけに、中国政府による政策の舵取りは困難を抱えているのです。

四　一人っ子政策に対する評価

中国の一人っ子政策についてはまだ多くの取り上げるべき問題があると思いますが、私から見ればすでに最低限必要なことに言及したと思います。最後に、一人っ子政策はどのように評価できるかに簡単に触れましょう。ただ、これから触れることはいずれも簡単にすませることのできない問題ばかりなのですが。

中国政府の公式発表を信じるとすれば、全国の人口は一九九五年に十二億人を超えました。一人っ子政策が導入されてからも毎年一千万人以上の人口が増えているので、中国政府が期待するほど人口増加率が低下しているとは言えないようです。中国の民衆の子どもを二人以上持ちたいという心理は中国政府や中国共産党による圧力に負けないくらい強いと見ることもできます。しかし、他の国と比較すると、かなり違った評価も可能になります。たとえば世界で第二の人口を擁するインドでは、人口増加を抑制する政策を実施しようとして失敗した結果、中国よりも急激に人口が増加しています。そして、二十一世紀の前半には中国を抜いて世界最大の人口を抱えると予測されています。その時期は、早ければ二〇二〇年頃、遅くても二〇四〇年頃だろうと見られているようです。こういうインドと比較すれば、中国の一人っ子政策にも功績があったという評価も十分に成立します。

だが、政治と社会の関係、あるいは中国政府およびそれを実質的に指図する中国共産党と民衆の生活との関係に注目すれば、まったく異なる問題が浮かび上がります。要するに、中国では共産党と政府の政策、もしくは政策の失敗が子どもたちの運命を左右してきました。たとえば、特に第二次世界大戦後の日本では政府の施策（あるいはその失敗）が子どもたちの運命を決定したことはほとんどなかったでしょう。現代中国の政治と社会の関係における重大な特徴がここに現われていることになります。すでに指摘した大躍進の失敗により発生した飢餓が子どもたちにもたらした窮状や、「文化大革命」中に紅衛兵が指導者の権力闘争に利用されたあげく農村へ追放されたことなどが、代表的な事例です。

出生数を公権力によって強制的に抑制しようとする一人っ子政策も、政治が社会を支配する現代中国の特徴を継承しています。しかも、世界的にも異例なのですが、中国ではこの政策を二十年以上も続けてきました。生まれるべくして生まれなかった子どもたちの人権が侵害されているばかりではありません。出生数を制限するために、女性に対する人権侵害も日常的に発生しています。たとえば、地方レベルでは女性住民の月経周期を当然のように公表したり、人工流産が強制されたりしてきました。このような人権侵害を、アメリカなどは一九八〇年代半ばからしばしば批判してきました。中国側は、これに対して、先進国側による発展途上の経済水準を顧みない一方的批判だと反発してきました。確かに、自国の価値観を押しつけようとするアメリカなどの中国批判は逆効果でしょう。

けれども、どこの国でも子ども自身は自らの出生を選べないのに、中国では出生による差別が存在していることは否定できません。戸籍上の都市出身か農村出身かにともなう差別が一九四九年以来一貫して継続してきたことはすでに指摘しました。一人っ子政策の導入以降は、第二子以降に生まれた子どもや戸籍に登録しない「黒孩子」に対して高額の負担を強いる教育的・経済的・行政的差別を公権力が実施し、その結果としてこういう子どもたちやその親に対する社会的差別も発生しています。女子がこういう差別を最も強く被るのではないでしょうか。中国では家父長制的な、あるいは男尊女卑的な慣習がいまだに生き続けていると推測できるからです。女子は男子ほど歓迎されないわけで、中国の人口問題を専攻する方々によれば出生直後にひそかに間引かれている可能性が強いようです。その結果、人口における男女の比率の歪みが発生してくるでしょう。一人っ子政策の開始からすでに二十年以上になる現在、男性が女性より多い世代が結婚適齢期に入りつつあります。今後の中国ではこれまで以上に結婚難の時代が訪れると予想できる次第です。この数年間の中国では女性を誘拐して売買する組織的犯罪がしばしば報道されていますが、結婚難を先取りした動きという一面もあると思われます。

一人っ子政策がもたらす長期的な影響のひとつとして、急速な高齢化社会の到来という問題もあります。日本も介護保険の導入などで今まさにこれに対処しようとしているわけですが、要するに減少してきた若年人口で膨大な老年人口を支えなければならないわけです。高齢化社会に到達するまでフランスは百年以上かかり、他の西ヨーロッパ諸国も四十年以上かかったそうです。また、日本はわずか二十四年間で一九九四年には高齢化社会に到達したとのことです。中国はどうかというと、専門家の予測では二十六年間ほどで二〇二〇年代末頃に高齢化社会に入るだろうと言われています。時間的には日本とあまり変わりませんが、人口は日本の十倍以上あり、経済的には発展途上の水準なので、高齢化社会への対応には日本以上に困難な問題がおきると考えていた方がいいでしょう。

一人っ子政策がもたらすもうひとつの長期的な問題は、子どもたちの資質の弱体化です。日本でも少子化が進んだために、子どもたち同士の人間関係の処理が下手になったと指摘されています。こういう過保護にともなう問題が中国でもすでに発生しています。何しろたった一人の子どもに対して、二人の親と四人の祖父母が世話を焼くわけです。こういう子どものことを中国では「小皇帝」と表現しています。皇帝は言うまでもなく伝統中国の支配者で、やりたいことは何でもやれる権力者でした。子どもが望めば、二人の親と四人の祖父母がそれを何でもかなえてくれるのです。「小皇帝」という表現ほど適切なものはないでしょう。その結果、成長期の子どもにとって必要な我慢すること、あきらめることが身につかなくなるはずです。

厳しい規律と訓練を必要とする中国の軍隊は、すでに「小皇帝」と言われる子どもたちをどのようにあつかえばいいのかを悩んでいるそうです。ただ、こういう問題が拡大していけば、中国が軍事大国になる可能性は小さくなるかもしれません。そうすると、日本の安全保障のためには中国に一人っ子政策を継続してもらう方がいいということになります。人権問題の角度から中国の一人っ子政策を批判するアメリカにとっても、同じことが言えそうです。

こういう冗談めいた推測はともかくとして、中国で一人っ子政策が導入された背景や、それが抱えている問題点の一端は以上の通りです。私自身、この公開講座のための準備として調べ直してみて、中国が一人っ子政策を導入しなければ恐るべき事態が生じていただろうということ、そしてこの政策を続けていく結果として多くの問題が発生しそうだということを再確認できました。一人っ子政策そのものに対する賛否を明らかにするといった単純な問題ではないのです。二十一世紀の世界の望ましいあり方を考えるなかでのみ、一人っ子政策に対する最終的評価は下せるのではないでしょうか。

参考文献

若林敬子『中国　人口超大国のゆくえ』岩波新書、一九九四年
若林敬子『現代中国の人口問題と社会変動』新曜社、一九九六年
若林敬子編『ドキュメント　中国の人口管理』亜紀書房、一九九二年
小島麗逸『世界の中のアジア・中国』大東文化大学国際関係学部現代アジア研究所、一九九六年
小島麗逸『現代中国の経済』岩波新書、一九九八年
矢吹晋『[図説] 中国の経済』蒼蒼社、一九九二年

編者・執筆者紹介

編者

宗岡嗣郎《むねおかしろう》

大阪に生まれる。九州大学大学院法学研究科博士課程修了。法学博士。現在久留米大学法学部教授。専門は刑法学・法哲学。

執筆者（掲載順）

古賀幸久《こがゆきひさ》（第Ⅰ章）

熊本県に生まれる。西南学院大学大学院法学研究科修士課程修了。法学修士。外務省外務事務官、副領事などを経て、現在久留米大学法学部助教授。専門は国際法・イスラム国際法。

日野田浩行《ひのだひろゆき》（第Ⅱ章）

広島県に生まれる。九州大学大学院法学研究科博士課程単位取得。九州大学助手、久留米大学法学部講師を経て、現在久留米大学法学部助教授。専門は憲法学。

神原和宏《かんばらかずひろ》（第Ⅲ章）

熊本県に生まれる。九州大学大学院法学研究科博士課程単位取得。法学修士。九州大学法学部助手、久留米大学法学部講師を経て、現在久留米大学法学部助教授。専門は法哲学・法思想史。

梅﨑進哉《うめざきしんや》（第Ⅳ章）

福岡県に生まれる。九州大学大学院法学研究科博士課程単位取得。法学修士。九州大学法学部助手を経て、現在久留米大学法学部教授。専門は刑法・刑事訴訟法・刑事政策。

宗岡嗣郎（第Ⅴ章）

河内俊英《かわうちしゅんえい》（第Ⅵ章）

新潟県に生まれる。宇都宮大学大学院農学研究科修士課程中途退学。農学博士。現在久留米大学医学部助教授。専門は昆虫生態学・環境生態学。

小竹一彰《こたけかずあき》（第Ⅶ章）
新潟県に生まれる。東京都立大学大学院社会科学研究科博士課程修了。法学修士。(財)日本国際問題研究所研究員、同主任研究員、在中国日本国大使館専門調査員などを経て、現在久留米大学法学部教授。専門は現代中国政治史など。

子《こ》どもをめぐる現在《げんざい》　久留米大学公開講座16

2000年3月31日初版発行

編　者　宗　岡　嗣　郎

発行者　海老井　英　次

発行所　(財)九州大学出版会
〒812-0053 福岡市東区箱崎7-1-146
電話　092-641-0515（直通）
九州大学構内電話　8641
振替　01710-6-3677
印刷・製本／九州電算(株)

　ISBN4-87378-634-7

刊行の言葉

大学の使命は教育と研究である。大学は最高の知識と最新の技術を学生に教え、より高い知識の発見と、より高度の技術の探究のために研究を行う場である。大学は国際的レベルでその存在は重要であるとともに、大学が位置する限られた地域にとってもその存在価値は重要と思われる。大学における教育・研究の成果は、当然人類の幸福と社会の向上のために広く人間社会に還元されるものであるが、地域の社会、住民に対してもより直接的に、また効果的に還元されるべきであろう。このことは地域における大学の重要な役割と考えられる。

近年、地域社会の文化向上、また生涯教育の必要性が叫ばれている折、大学の地域での役割を果たす手段として、一つのテーマについての一連の大学公開講座を定期的に開催することは有意義なことと思われる。久留米大学はこの考えのもとに、昨年第一回の公開講座を開催し、成功裡に終了することができた。公開講座には熱心な多くの聴講者に出席頂いたが、この公開講座をより有意義にするために、より多くの方々に勉強して頂くことを目的として、今後本学にて開催する公開講座はすべてシリーズとして、九州大学出版会などから刊行して頂く予定である。このことは公開講座を企画する私達にとっても励みとなり、より充実した公開講座を今後も続けて開催する原動力となるであろう。一人でも多くの方が、この私達の企画に関心を持たれることを期待してやまない。

一九八七年六月

久留米大学

学　長（現名誉学長）　䌫纈教三

九州大学出版会刊

＊表示価格は本体価格

纐纈教三・的場恒孝 編
〈久留米大学公開講座1〉
からだの健康と福祉
四六判　二四八頁　一、七〇〇円

医療の急速な進歩により治療医学から予防医学へと考えが変わってきている今日、現代地域社会における医療と健康を医学的立場からとらえ、社会福祉の面から分析し、医療と福祉のあるべき姿をともに考え、実践へのよりどころを追求する。

纐纈教三・的場恒孝 編
こころの健康と福祉
〈久留米大学公開講座2〉
四六判　二五二頁　一、七〇〇円

本書は、複雑な現代社会における「こころ」の問題を医学的立場からとらえ、かつ社会福祉の面から分析して考察している。そして地域社会における「こころ」の医療と福祉のあるべき姿を一緒に考えて、身近に実践するためのよりどころを追求する。

纐纈教三・駒田井正 編
くらしの経済と福祉
〈久留米大学公開講座3〉
四六判　二八二頁　一、九〇〇円

近年のめざましい経済の成長によって、私たちの身近には「もの」があふれている。複雑な、そして飽食の時代といわれる現代社会での「もの」の問題を多方面からとらえ、社会福祉のあり方を考える。

原田康平 編
いま、世界は　世紀末の経済と社会
〈久留米大学公開講座6〉
四六判　二八二頁　二、二〇〇円

いま世界の舵はどこへ向き、どちらへ行こうとしているのか――。本書は、経済編と社会・文化編の二部から構成され、経済編はさらに国際編と国内編から成っている。経済問題と人のあり方を考える一助となろう。

小竹一彰 編
アジアを知る、九州を知る
〈久留米大学公開講座8〉
四六判　二六八頁　二、二〇〇円

過去から現代までのアジアと日本、特に、地理的に近く文化的親近感を持つ九州との関係を、歴史、政治、経済などさまざまな分野から考えなおし、アジアと九州の間の相互信頼を発展させる道を探る。

松原悦夫 編
〈久留米大学公開講座10〉
地域とビジネス
四六判　三〇六頁　二、二〇〇円

本書では、筑後地域の農業を基盤とするバイオ産業や筑後に出自をもつ主要な地場産業および地域産業の領域を中心に、それらにかかわる実態の究明と広域的なビジネス環境の諸問題ならびにそのポテンシャルをグローバルな視点から明らかにする。

笠　榮治 編
〈久留米大学公開講座12〉
世界と人間の再発見
四六判　二二六頁　二、二〇〇円

本書では、私たち人間が、今までを生き、今も生きてい、今からもずっと生きる〔「世」〕、そしてその生きる所・場所として意識している空間〔「界」〕の総体を「世界」と想定し、その「世界」で今を生きた人間の証し、また今を生きる知慧を論じる。

中村靖志 編
〈久留米大学公開講座14〉
21世紀に向かっての変革
四六判　二〇四頁　二、〇〇〇円

本書では、一九八〇年代まで日本の経済発展を支えてきた従来型の産業構造の行き詰まり、バブル崩壊、冷戦体制の崩壊による国際競争の激化など、困難な時代を迎えている日本の将来を考える。

大東和武司・谷口　豊 編
平成不況とこれからの企業経営
四六判　一九〇頁　一、八〇〇円

平成バブル不況は、思いのほか長期化しており、いわゆる日本的経営手法が日本においてさえも必ずしも永続的なものではないということが明らかになった。このような平成不況に直面し、岐路に立つ日本的経営の今後の方向性を探る。

駄田井正・鶴田善彦・浅見良露 編
地域経済の視点
――筑後川流域圏の経済社会と住民生活――
四六判　二二〇頁　二、二〇〇円

筑後川流域には、一つの県をはるかに上回る規模の経済圏が県境を越えて形成されており、経済成長を続けてきたし、今後も成長を続けていくと思われる。本書は、一つの行政単位でないばかりについ見落としかねないブロック経済圏の実体を明らかにする。